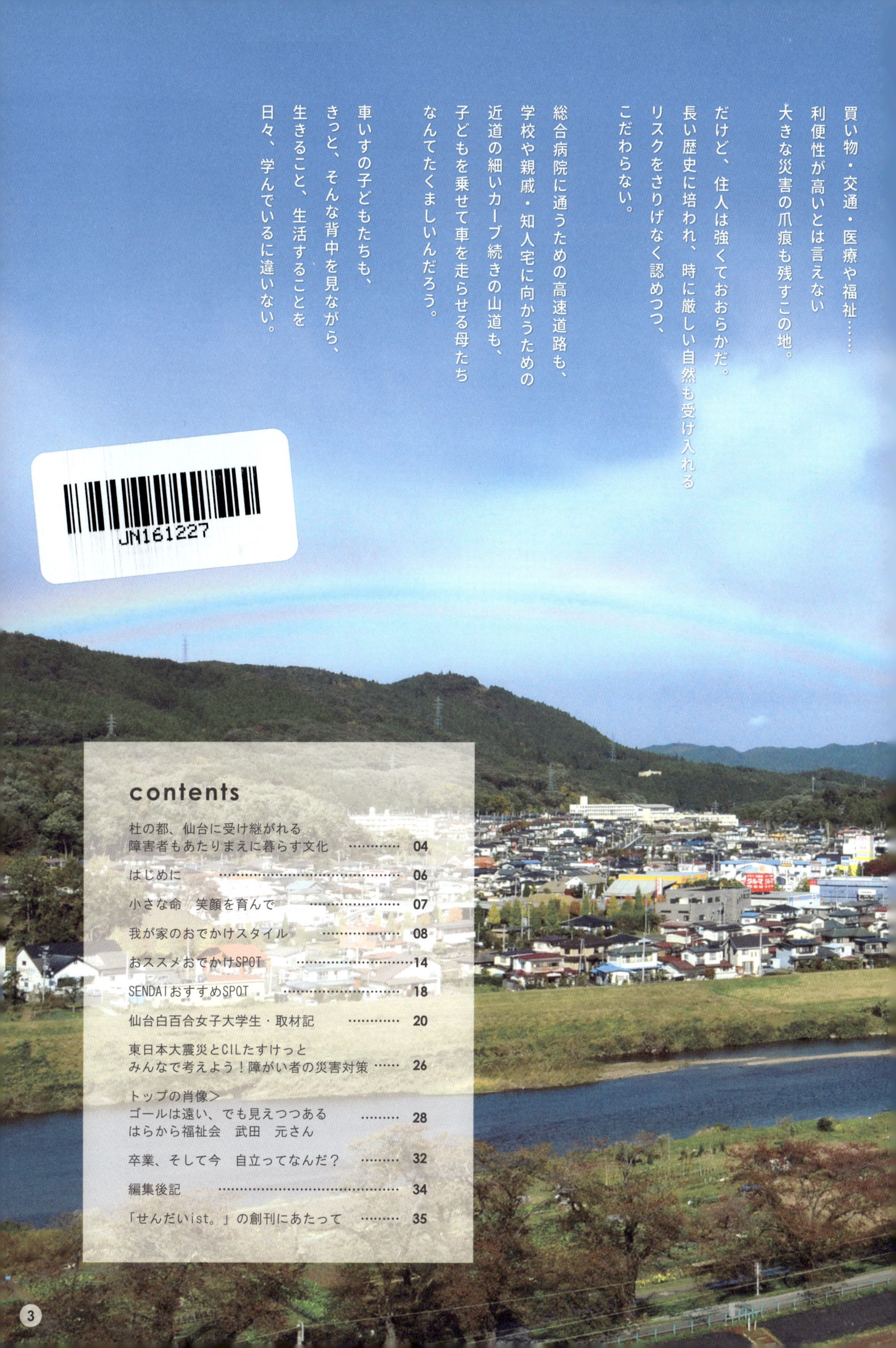

買い物・交通・医療や福祉……
利便性が高いとは言えない
大きな災害の爪痕も残すこの地。

だけど、住人は強くておおらかだ。
長い歴史に培われ、時に厳しい自然も受け入れる
リスクをさりげなく認めつつ、
こだわらない。

総合病院に通うための高速道路も、
学校や親戚・知人宅に向かうための
近道の細いカーブ続きの山道も、
子どもを乗せて車を走らせる母たち
なんてたくましいんだろう。

車いすの子どもたちも、
きっと、そんな背中を見ながら、
生きること、生活することを
日々、学んでいるに違いない。

contents

杜の都、仙台に受け継がれる

障害者も当たり前に暮らす文化

仙台白百合女子大学
人間学部　心理福祉学科
教授　**大坂　純**

２０１１年３月11日、宮城県・仙台市を含む東北３県を中心として東日本大震災に襲われてから５年以上が経過しました。多くの尊い命が奪われ、行方不明の方が２０００人以上にのぼるなど、震災の爪痕はいまだ人々の中に深い傷として刻まれています。震災直後、在宅の障害者への支援の遅れとその後の支援システムの構築は、今後の地域づくりに大きな教訓となっています。東日本大震災における私たちの経験と被災への対処を全国に発信して、今後の災害への備えとして活用されることが重要であると考えます。

全国の皆様にさまざまな支援をいただきましたことは、私たちの心に希望の灯火を照らし、復興へ向かう勇気を生み出す力となったと感謝しております。復興事業も加速され日常も取り戻しつつありますが、まだまだ道半ばです。これからも全国の皆様とのつながりを大切にしながら、復興へ向けて歩を進めて参りますのでご協力よろしくお願いいたします。

さて、私の故郷でもある宮城県を「杜の都仙台」の昔と今を中心に簡単にご紹介しましょう。

仙台市は、古くから杜の都と呼ばれています。杜の都と呼ばれるようになったのは、大正時代から。その意味は、仙台藩祖である伊達政宗が積極的に植林を推奨し、城下町・仙台に植えられた「人工林」「屋敷林」の多さと美しさから、杜の中に街が出来たかのように見えたために杜の都と呼ばれるようになったと伝えられています。

商売繁盛の神様、仙臺四郎さんの人形

また、仙台市は、全国的にも知られている「仙臺（仙台）四郎さん」（以下「四郎さん」）という商売繁盛の神様の生誕の地でもあります。では何故、「四郎さん」は、商売繁盛の神様と言われるようになったのでしょうか。障害者（知的障害者）であった「四郎さん」は、毎日のように気ままに街を歩き、店に立ち寄りもてなされたり、追い払われたりしていましたが、もてなした店には不思議と人が集まるようになり、商売繁盛したことから、「四郎さん」は商売繁盛の神様とされるようになったということです。

このように仙台市は、障害者への偏見や差別が当たり前のように行われていた時代（明治時代）から、障害者を市民として受け入れる文化を持った街として発展してきました。

障害者も暮らしやすい仙台の文化は、脈々と受け継がれています。「福祉のまちづくり」も１９６９年に仙台市から始まったとされています。１９７３年には、厚生省（当時）の「身体障害者福祉モデル都市」の第１号として指定され、同年全国から車いす利用者を迎えて「福祉のまちづくり、車いす市民交流会」が開催され、その後、仙台での取り組みが障害者の生活圏拡張運動として全国へと広まりました。仙台市は、バリアフリーをまちづくりに取り入れて、ノーマライゼーションを暮らしに活かす活動を先駆的に行った都市です。昨年と今年、仙台市に障害者がさらに暮らしやすくなるための重要なアイテムが２つ加わりました。

大坂　純　JUN osaka

専門分野：社会福祉学、地域福祉、児童福祉、社会福祉援助技術、医療ソーシャルワーク
主な研究テーマ：高次脳機能障害者の地域生活支援、地域における児童虐待防止
主な担当科目：『地域福祉論』『子ども家庭福祉論』『医療ソーシャルワーク』

それは、「地下鉄東西線」の開業と「仙台市障害を理由とする差別をなくし障害のある人もない人も共に暮らしやすいまちをつくる条例」の制定です。

昨年12月に開業した「地下鉄東西線」は、八木山動物公園ー荒井の総延長13・9㎞を所要時間約20分で結んでいます。仙台市東部の住宅地荒井から中心市街地を経て、国際会議場や博物館のある川内、そして東北大学の青葉山キャンパスから動物園や遊園地のある八木山へ至る地下鉄。車両とホームの隙間を小さくして、車いすやベビーカーでも乗り降りしやすいように工夫されていたり、4両編成の車両全てに車いすスペースを1ケ所ずつ設け、どの車両でも車いすを利用可能にした全国の地下鉄でも初めての取り組みがされています。

沿線には、仙台の今昔を楽しめるスポットが点在。荒井駅に併設されている「せんだい3・11メモリアル交流館」は、記憶と経験を媒介に、被災や復興の状況・震災の記憶を未来に伝えていくための展示やワークショップが行われています。また、国際センター駅から徒歩で約8分のところには、「仙台市博物館」があります。伊達家から寄贈された資料群の保管・展示・研究を目的に、仙台城三の丸跡に建てられた博物館で、ユネスコ記憶遺産に登録された「支倉常長像」など3点を含む国宝「慶長遣欧使節関係資料」をはじめ、伊達家の寄贈文化財や仙台藩に関わる歴史・文化・美術工芸資料など約9万点を収蔵しています。

ユネスコ記憶遺産の国宝が収蔵されている「仙台市博物館」

もちろん仙台ならではの食文化も沢山あります。仙台駄菓子やお茶席で使われる本格的な和菓子、フランスからも修行に来るようなケーキ屋さんなど多彩なスイーツ。新鮮な魚介類はもちろんのこと仙台発祥の冷やし中華や牛タン、麻婆焼きそばなどグルメもたくさん堪能できます。是非、自慢の地下鉄東西線を利用して仙台のさまざまな文化に触れてください。

本年4月に施行された「仙台市障害を理由とする差別をなくし障害のある人もない人も共に暮らしやすいまちをつくる条例」(以下、条例)は、奥山仙台市長からの諮問により約2年間、「仙台市障害者施策推進協議会」での議論を経て市議会で議決されました。「障害を理由とする差別の解消の推進に関する法律」の施行に併せて、条例を作ることの意味や障害者差別、合理的配慮などについて仙台でどのような課題があり、解決が図られてきたかを丁寧に検討しました。

条例を検討する過程で気づかされたことは、先にも述べたように仙台には、障害者も市民として当たり前に暮らす文化が古くからあるということです。近年は、都市化が進んで人の移動も活発になり築いてきた仙台の文化が薄れていることも議論の中で浮き彫りになりました。私たちは、もう一度原点に立ち返って、誰もが市民として当たり前に暮らせる街仙台をめざして、この長い名前の条例を作りました。その前文には、日本で初めての「身体障害者福祉モデル都市」指定など、障害者の生活圏拡張運動や福祉のまちづくりの発祥地であることなどの歴史を記し、長く後世にも伝えて前に進む決意を示しています。

仙台市を中心に宮城県・仙台市のことをご紹介いたしました。仙台の多様な文化に触れながら、誰もが当たり前に暮らせる街について実感してください。

仙台ご当地グルメの麻婆焼きそば

はじめに

妻と近所の「牛タン屋」さんにて

宮城県立船岡支援学校
校長　阿部　文男　FUMIO Abe

　実は船岡支援学校に赴任した際、春先の校舎の寒さにびっくりしました。本校は校地も校舎も広く、その印象はなおさらでした。そのような中、新年度の始業式を迎え子供たちと出会いましたが、その明るさに感激するとともに、一気に寒さが吹き飛びました。本校の校訓は「明るく　正しく　たくましく」です。子供たちの姿は、本校の合い言葉「船岡スマイル」そのもので、校訓どおりの明るさを実感しました。保護者の方々が子供たちの世界を広げようと、日々力強く進んでおられることの反映なのだなと感じ入りました。

　宮城県内の肢体不自由特別支援学校は、本校と、病弱教育併置の拓桃支援学校の二校です。高等部の設置は本校のみで、寄宿舎も設置されており全県から生徒を迎えています。ただ、寄宿舎に入る条件などもあり、居住地に近い支援学校等に在籍している肢体不自由のお子さんでも少なくないのが現状です。

　今回、ｉｓｔ第2号として、全肢Ｐ連宮城大会開催のご縁で宮城・仙台を取り上げていただいたこと、たいへん感謝です。ネットなどで調べることである程度のことは分かっても、実際に出かけてみると思い通りでないことも多いと思います。学校の校外学習ですら、事前に念入りに調査しても、いざ出かけてみると不都合がある場合も少なくありません。まして、ご家庭で外出される際はなおさらだろうと思います。このｉｓｔで紹介される場所は、実際の経験から発したものですので、車いすを使ってのお出かけにぐっと背中を押してくれるに違いありません。

　また、仙台で活躍する本校ＯＢのことや、地元で長い間にわたり支援事業を続けてこられた方のことを紹介していただきました。全肢Ｐ連宮城大会とともに、この第2号によって、多くの新たなつながりが生まれていくものと確信しております。さらに、「合理的配慮」について多くの方々に考えてもらうきっかけとしても、この冊子を手に取っていただく意味は大きいと思います。

　最後になりますが、ＰＴＡ会長をはじめとして本校の保護者の皆様に御協力をいただくとともに、仙台白百合女子大学関係者のサポートをいただきこの第2号の発刊につながったことに御礼申し上げます。

　さらに、精力的に編集にあたっていただいたＮＰＯ法人よこはま地域福祉研究センターの皆様、出版に多大なご協力をいただいた株式会社ジアース教育新社に感謝いたします。

宮城県立船岡支援学校
住所：〒9891605　宮城県柴田郡柴田町船岡南二丁目3−1
TEL: 0224- 54- 2213
FAX: 0224- 54- 2214

mother's voice

小さな命　笑顔を育んで・・・

宮城県柴田郡柴田町在住　戸﨑　麻衣子さん

MAIKO Tosaki・MIRAI

みらいちゃんが、お腹に宿ったとき、お姉ちゃんのひかりちゃんとふたりでした。家族みんなが、二人が生まれてきてくれることを心待ちにしていました。

ところが、妊娠７か月の時、お腹の中で、ひかりちゃんは、命を失ってしまいました。2008年２月、予定日より３か月早い出産。1034グラムの小さな小さなみらいちゃんが生まれました。そして、脳性まひの診断も受けました。

お母さんは、みらいちゃんの命を守るのに必死でした。高速道路を使って約２時間。毎日、スポイトでおっぱいをあげるために車を走らせました。生後３か月、2500 gになって、ようやく、家族みんなとの暮らしが始まりました。

みらいちゃんのお父さんは警察官です。新しい生活が始まって間もない、2008年６月14日、マグニチュード7.2「岩手・宮城内陸地震」が発生しました。土曜日の８時43分。経験したことのない大きな地震が私たちを襲いました。直後から駐在所には、家族の安否を心配して捜索を願い出る人、困りごとを抱えた方々が次々と訪れました。お父さんは、それは忙しい毎日が続きました。お母さんも、家で精一杯手助けをしたいと思いました。こんな時は、不安も吹っ飛んでしまうものですね。（その３年後、再び、私たちは東日本大震災に遭いました）辛く悲しい大きな災害。みんなで乗り越えようとする努力が今も続いています。

みらいちゃんは、小学３年生。とびきりの笑顔の女の子に成長しました。夢はチアガールかファッションモデル。歌うことが大好き。お母さんは、みらいちゃんが好きなこと。夢。それを知るごとに「すごいね！すごいね！」と思います。ぐんぐん成長して欲しいと思います。

今、お父さん、お母さん、お兄ちゃん、お姉ちゃん、みらいちゃんと一日、一日、一生懸命、暮らしてきた毎日を愛しく思います。みんながいたからお母さんも頑張れました。

みんなで可愛がって、大切にしたから、笑顔のみらいちゃんがいると思います。

みらいちゃんは車いすにのっています。

もっと小さなころ、歩けるようになることを一番に願っていた時期がありました。でも今は違います。「車いすでも出かけられる・・」じゃなく「車いすがあればどこでも行ける！」社会であることが願いだし実現したいです。そのためには、みらいちゃんは大いに外に出る必要があります。心も体も、地域に社会に開いていることが大切と思います。

お母さんは、５年前、思いもよらぬ、病気に罹りました。

命にかかわる病と向き合うことになったとき、迷いは一つもありませんでした。治療をして、生きていかなければなりません。

お母さんにも夢があります。自分のこと、子育てのこと、悩みを持つ人に寄り添えるような人でいたいのです。

みらいちゃんが生まれて８年。これからも地域のなかで家族みんなで元気に生活していきたいです。みらいちゃん。ひかりちゃんの分も、一緒に楽しもうね。さて、この夏は、どこへ出かけようか！？

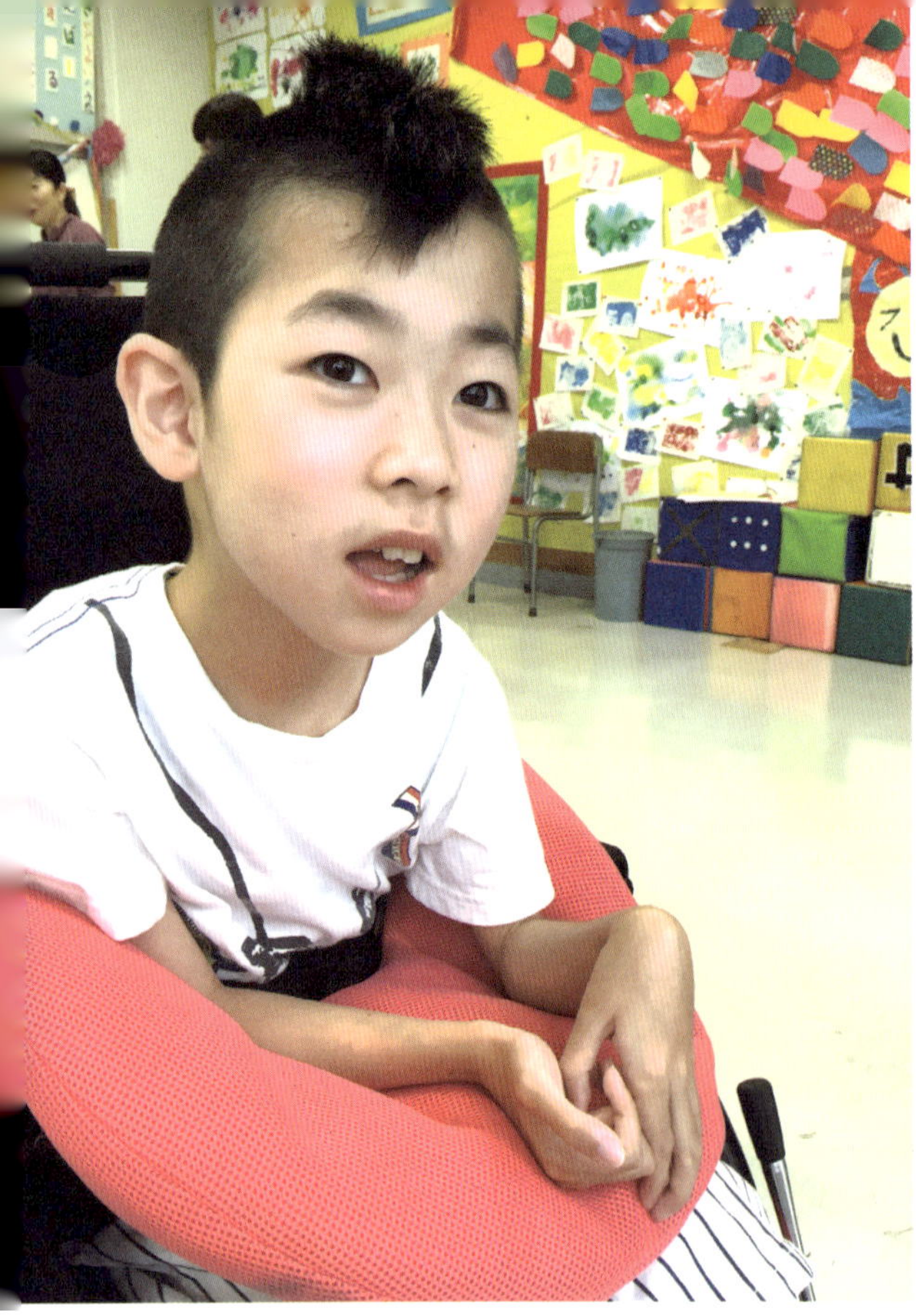

我が家のおでかけスタイル vol.4

やんちゃな モヒカンボーイは、今日も元気

柴田郡柴田町在住　船岡支援学校
菊地　ユカリさん　颯一くん（小5）
YUKARI Kikuchi・SOUICHI

菊地颯一くんのこと

2005年10月5日生。「そよ風のような心地よい存在になるように」と願いを込めて颯一と名づけた。新生児期は、哺乳力が弱いながら、手のかからない赤ちゃんだったが、次第に、首のすわりの遅さなど気になる点が表れた。4か月頃、染色体を調べたが異常はみつからず、発育課題の要因を明らかにするため、拓桃医療療育センターでMRI・血液検査等を受ける。7か月の時、「筋ジストロフィー（福山型）」と診断された。関節の拘縮（両肘・手首・膝）があり、拘縮予防のため、長下肢装具を毎日、15分〜30分装着している。3歳より車いすを使用。

わが子の病に直面して……

検査結果を聞いた日。ユカリさんは、夫の運転する帰宅車中、颯一くんを見つめ、心がざわざわする思いに襲われた。思わず、すがるような想いで実家に電話した。電話に出たのは、ユカリさんのお父さん。

お父さんは、静かに、力強く言った。「あきらめるな」「今は難病と言われていても未来は、きっと違う」と。今でもその時のことを思い出すと涙が出る。ユカリさんは、不安と、絶望感に支配され、何もかも諦めようとしていた自分に気づかされた。同時に、その言葉が「この子の人生が終わったわけではない」と奮起させた。

車で片道1時間かかる通院はずっと続いたし、常に育児に工夫が必要だった。でも、辛い記憶はあまりない。むしろ、今日までに子育てで感じた喜びは宝物。ユカリさんを励ましてくれたお父さんは、颯一くんが1歳になったころ、病気のため他界した。あの時、崩れるような思いを立て直してくれたお父さんに今も感謝している。

颯一くんの毎日

颯一くんは、人懐っこくて、みんなの人気者。トレードマークのモヒカンヘアーは、今や、〝颯ちゃんそのもの〟。だから、毎日は、にぎやかで忙しい。ユカリさんにとって、「明るく、元気に」それだけが願いだ。

姉の美空さん（中2）は、小さいころから颯一くんを助けてくれていた。「時には、うっとうしく思ったり、頼られることが辛い時だってあるかもしれない」とユカリさんはいう。これからは、美空さんとの女同士の時間も大い

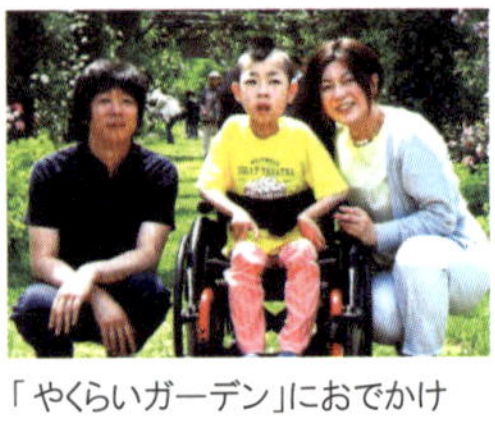

「やくらいガーデン」におでかけ

に楽しみたい。家族4人笑顔で暮らしていきたいと思っている。

仙台市に住んでいる、いとこの奏太くん（小2）、文音ちゃん（5歳）。そして父方の祖父母も隣町にいる。みんなが颯一くんの健康を願い、見守り、支えてくれるから安心。だから頑張れる。

進行性の病気だからこそ、生活のリズムを整え、リハビリに努めるよう心掛けている。先輩お母さんの紹介で、訪問リハビリを週一回受けるようになった。拘縮の予防改善が期待される。宮城教育大学の先生と学生さんも、週一回、木製文字盤を使って文字習得の指導に来る。文字を覚えることでコミュニケーションが豊かになると思っている。いろいろな専門家が力を与えてくれることに感謝している。

放課後は週に2、3日、放課後児童デイ「バンビ・アイランド」に通う。異学年の子どもたちや、船岡支援学校以外の学校の子どもたちがいる場は、とても刺激的。様々なアクティビティを経験するのも楽しみ。ユカリさんにとっても、信頼している所長の平間さんをはじめ、スタッフとの日常の交流は支えになっているという。

ユカリさんお手製の補助バンドをつけた浮輪で楽しむプール

もっと豊かに・幸せになるために一緒に考えよう！

元気にのびのびと成長するために必要なことは、「外に出ること」。バリアフリーなんて考えない。いろいろな空間を経験すること。人に出会うこと。友達を持つことが、子どもを成長させると思う。支援学校に通うようになって、様々な保護者の方、福祉や医療の専門家のお世話になって、障害を持つ子どもの幸せのために広がりをもって考えるようになった。つながること、考えることが大切だと思う。

《支援学校卒業後の生活の場の確保》

重度心身障害者には、支援学校卒業後、家庭以外の生活の場が今のところない。親や家族が子の面倒をみられなくなったら。大きな災害に襲われたら……。颯一くんが成長するにしたがって地域社会とつながりを持つことや、生活の安心の確保など、大きな課題があることに気づいた。同じ思いを持つ人と共に考えていきたいと思う。

《わらしべ舎の「わらしべノート」》

障害児・者の親にとっての究極の悩みは、親亡き後のこと。成年後見人や支援者が必要な情報を得られるように、子どもが生きていくための道しるべになるよう、障害当事者の情報を包括的に記録する「わらしべノート」は、親が障害児・者と共に作る。この一冊で颯一くんを理解し、様々な支援が受けられる。このような記録のことを、多くの障害児・者や家族に知ってもらいたい。

《PTA同士の情報交換・地域とのつながり》

保護者同士話していると「それ、うちの子にもいいかも」という情報が得られる。閉じこもりがちなお母さんがいたら、一歩外に出ることを勧めたい。また、保護者側が地域へ発信することも大切だと思う。障害児・者のことを地域の人がどれだけ知っているだろう。災害が起こった時、人の支えが必要な時、障害がある人が孤立しないために、必要な支援を受けるために、地域とつながっていたいと思う。

週1回の訪問リハビリの様子。文字習得でコミュニケーションが豊かになることを願う。

応援隊

放課後デイサービス　バンビ・アイランド
施設管理者　**平間 真由子**さん

障害を持つ子どもたちの成長に寄り添いつつ、その家族のレスパイト機能も果たせる放課後デイを目指して取り組みを進めている。核家族化、共働きが進む今、放課後デイサービスは必要な社会資源。保護者や学校の理解を得て、デイの支援力を向上させ、新たなサービスとして成長する必要があると話す。

颯ちゃんは、明るく、ひょうきん。話しかけると、ニコニコ笑顔が返ってくる。自己主張もちゃんとできて、まわりにはいつも人がいる『幸せなお子さん』。ご家族の温かな雰囲気が颯ちゃんから常に伝わってくる」

食べやすいよう刻んだおかず、庭でとれた色とりどりの野菜。愛情いっぱい詰まった“颯ちゃん弁当”

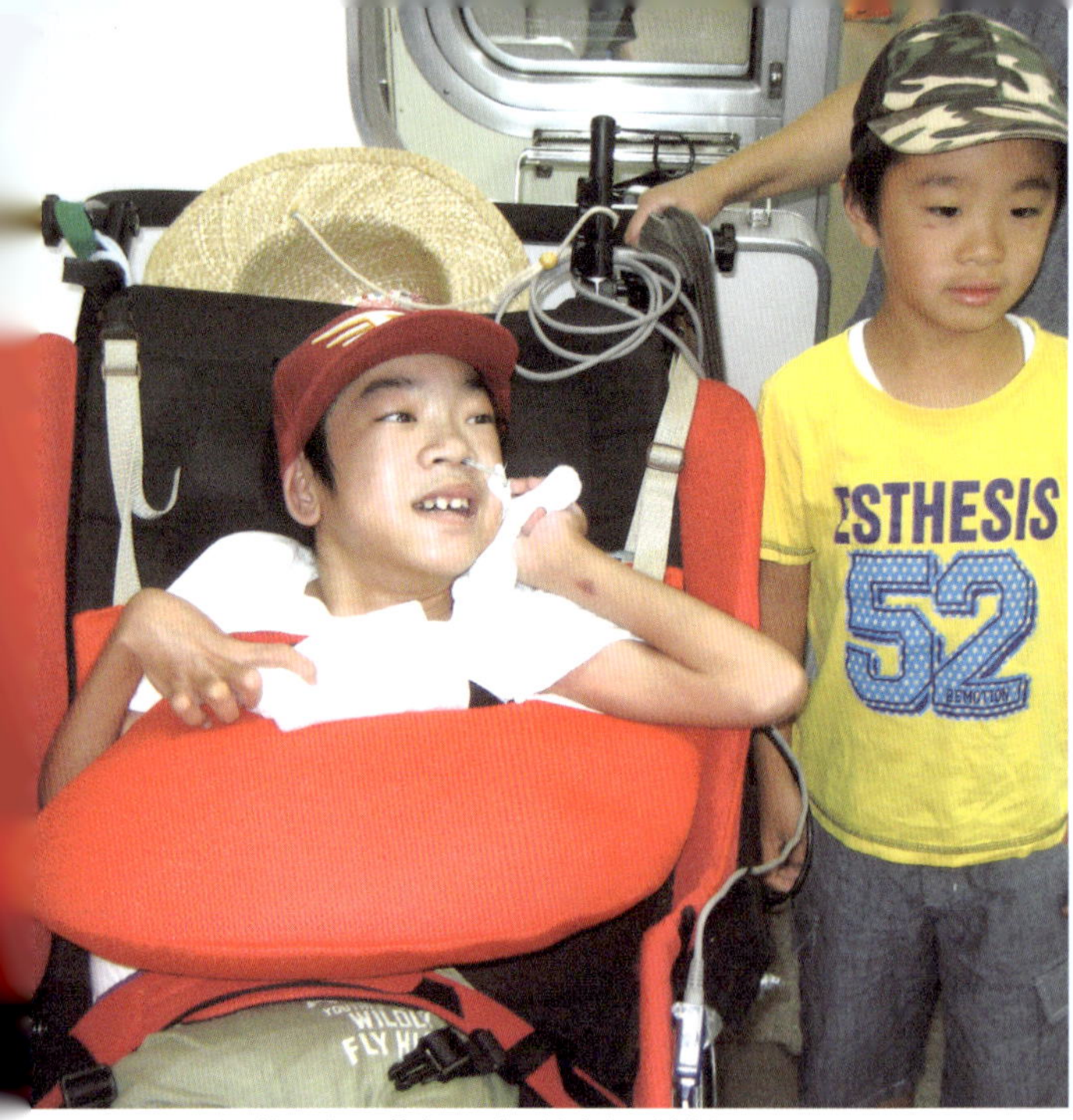

長町から地下鉄に乗って仙台へ。弟の聖太くん（右）と。

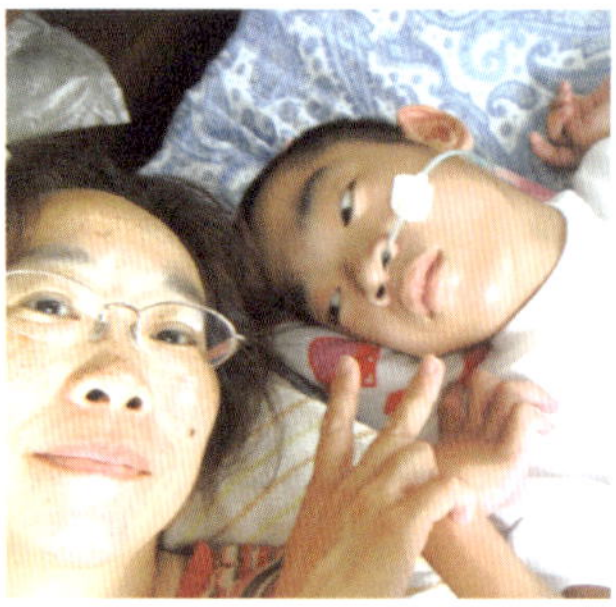

宮城県亘理郡亘理町在住　船岡支援学校

佐藤　洋子さん・翔太くん（中1）

YOKO Sato・SHOTA

家族構成：父・母・弟（6）・祖母
2001年、25週の早産で751グラムで生まれる。痛みに強く強靭な生命力。ちょっと人見知りでナイーブ、前向きな性格。好きなことはビデオやテレビ、ゲームの鑑賞。好きな人は好みの女性とお父さん。先天性横隔膜ヘルニア、肺高血圧症、脳室周囲白質軟化症によるジストニア型四肢麻痺。

「必要なものは創る！」パワフル母さんが地域を変える

重い障害に負けない！個性を発揮する中１男子

翔太くんは小さいころから外出と人間観察が大好きな中学1年生。生まれた日から今日までの12年間は、度重なる病気との闘い、入退院や手術の連続……家族とともに数々の窮地を経験してきた。最近では、側彎がひどいため胃ろうからうまく栄養が取れないこと（ダンピング症候群）が原因で2月に吐血し、緊急入院した。現在も体調が安定しない状態が続いている。

全身に麻痺があり、言葉を発しない翔太くんだが、成長に伴って、「車はどっち?」と聞くと目で追うなど、視線で意思表示する。大好きな先生のギターを聴く時や、お父さんと一緒にお風呂に入る時などは、テンションが上がる。好みの女性には自分からすりすりしてアピールする男子っぽさも。「好きなものに反応して声を上げたり、笑ったり。感情表現も広がってきているのは、いろいろな人とのかかわりの効果」と洋子さん。

毎日楽しんだ！世界が広がった！母子での通所

感染症にかかったら命取りだからと、医師からは、1歳半まで外出禁止と言われていた。予防接種の時も他の子どもと接触しないよう、別室を用意してもらって受けた。出かけられないストレスと不安で、洋子さんはノイローゼになりかけてしまい、町の保健師さんに電話をした。「私も誰かと話したいし、翔太に友達を作ってあげたい」。

その後、亘理町が運営する母子通所施設「二杉園」に見学に行った。すると、「翔太の目の輝きがぜんぜん違ったんですよ」と洋子さん。すぐに入ります、と契約した。1歳半から5歳まで、入院していない時は毎日通った。二杉園では保育士さんの指導により、同年代の心身の発達に心配のある友達と小集団で遊べるだけでなく、保育所と隣接していることで、障害のない子どもたちとも日々自然な交流ができた。

翔太くんの両脇を洋子さんが抱えて、友達と同じ目線で遊びの輪に入る時。園庭でサッカーをする子どもたちを目で追う時。翔太くんは笑顔で、心から楽しんでいる。息子に必要なのは、こ

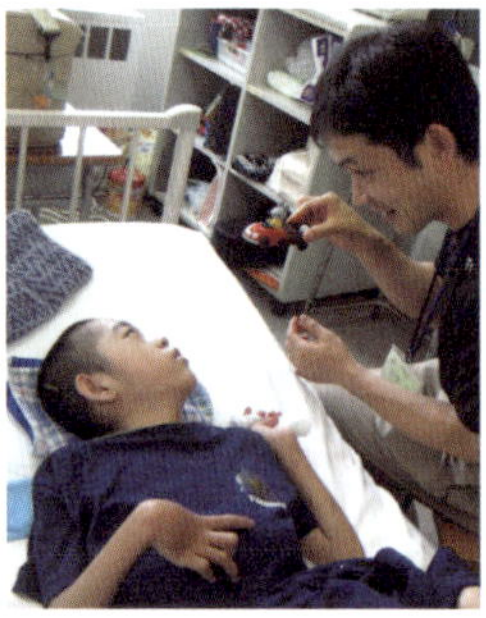

大好きな担任の先生とアイコンタクトで対話。

の環境だと洋子さんは気付いた。

親が亡くなったあと、重い障害のある人が安心して過ごせる場所は、亘理町にはない。また、知的障害や発達障害の子どものお母さんたちも、同様に将来への不安を抱えている。「この子たちの未来のために、今やれることを自分たちでやるしかない」と決意した。二杉園は洋子さんの今の活動の入口になった場所といえる。

二杉園での懐かしい思い出

必要なものは創る！
親の会立ち上げから施設設立まで

お母さんたち一人一人に思いはあるが、これまで声を上げずに諦めてしまっていた。「みんな、誰かやってくれないかな、と思うよね（笑）」。洋子さんは自分の意見は発信したい、そして頼まれると嫌とは言えない性格。2015年4月に「重症心身障がい児者親の会・ベリーの会」を立ち上げた。情報交換や交流のほか、ベリーの会の最大の目的は、子どもたちが将来通所できる生活介護施設の立ち上げに向けた、町への働きかけである。

二杉園での経験からも、障害種別を問わない施設が理想だが、医療的ケアが必要で寝たきりなどの障害者のための施設が今は全くないため、まずはそれを創る。目指すのは、生活介護の通所、知的障害などの人とも交流ができる場、福祉避難所的な機能も果たせる場所づくり。東日本大震災後の復興整備事業のタイミングでもあり、町も障害児者のニーズを知りたいと協力的だった。陳情書の書き方は町役場の人が教えてくれた。そして、ベリーの会のアクションにより協議を重ね、亘理町が県に働きかけ、生活介護施設設立（2017年春着工予定）のための予算確保にこぎつけたのだ。

地域への期待、将来の夢

医療的ケアが必要な子どもが通える一時ケア、放課後デイ、ショートステイは、徐々に宮城県でもできているがまだまだ足りない。自身も緊急入院などを経験している洋子さんは、自分に何かあったら、と思うと安心できない。

誰とでも親しみをもって付き合う洋子さんは、保護者の中でも有名人。知り合いの障害児ママに出会うと気さくに声をかける。

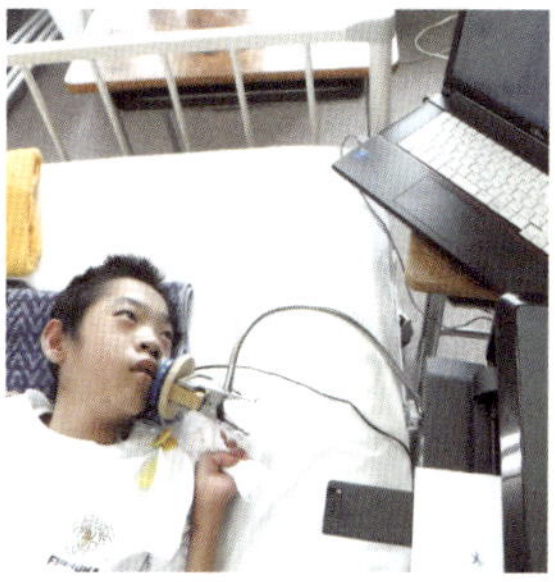

学校でスイッチの訓練をする翔太くん。真剣なまなざし。

震災後、近隣の人たちに翔太くんの状態を理解してもらい、いざという時の協力を求めた。昨年は亘理町の民生委員の会議にも参加し、地域には翔太くんのような子どもがいるということを知ってもらった。「見かけたら声をかけてほしい。かわいそうではなく、かわいいね、と言ってもらえる社会になるといいのかな。」

「翔太には翔太の人生があり、外にも出るのだから、この子たちが出歩けるような社会にならないと。出かけていけるところをいっぱい創りたい」。

将来は、電動車いすを使って自分で動けるようになってほしい。そのためにも今、大学の先生の協力により、ほっぺたで操作するスイッチの訓練をしている。自分の意志で出歩いてほしい。そのことで、翔太くんがさらにたくさんの人とつながり、自分らしく生きる世界が広がるから。

応援隊

やまもと訪問看護ステーション
看護師　**庄司 絵美**さん

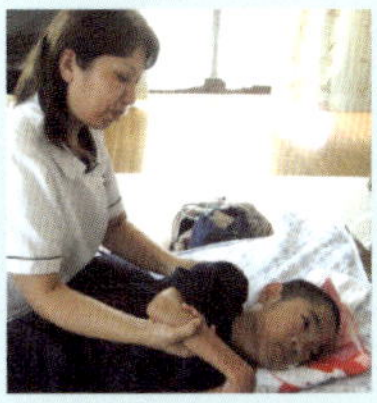

リハビリする時はテレビを消すのがルール。

10年以上訪問看護に従事。翔太くんの担当として5年間、週1回訪問している。ステーションは24時間対応。「夜間でも心配な時はすぐに庄司さんに電話できて助かっている」と洋子さん。体調急変時、緊急時の対応は訪問看護の重要な役割と庄司さんも理解している。

亘理町でも住民の高齢化が進んでいるが、在宅医療的ケアを必要とする子どもは増えている。地域に大きい病院はなく、子どもの緊急時の受け入れ先が見つかりにくい。日中の預かり先や安心して出かけられる場所が少ないことは、医療職の庄司さんから見ても課題に感じるという。

最近、人見知りの翔太くんが庄司さんにわがままを言うようになった。「やっと慣れてくれたと嬉しかった。機嫌がいい時、甘える時、いろ色んな表情を見せてくれる翔太くんがかわいい」。

地域でいきいき生活できる人になって欲しいから

宮城県柴田郡大河原町在住　船岡支援学校
三浦 奈美恵さん　彩也夏さん（高1）
NAMIE Miura・SAYAKA

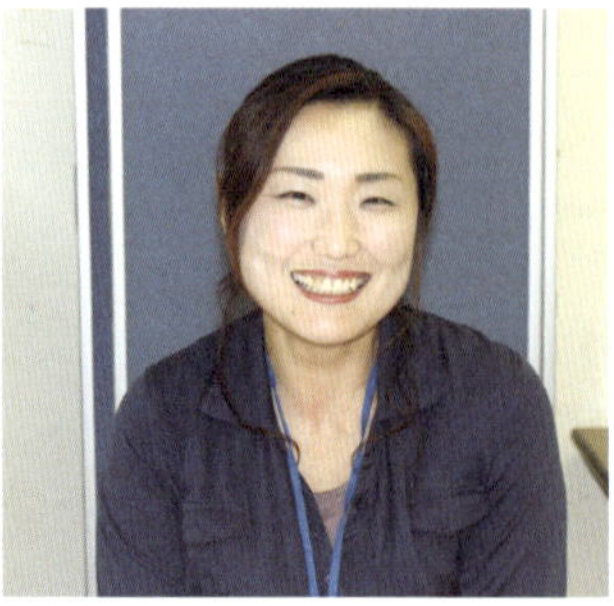

活発で明るい日常が一目でわかる彩也夏さんの写真をたくさん用意して待っていた奈美恵さんは、3人の娘を持つ笑顔の素敵なお母さんだ。

彩也夏さんのこと

生まれて間もなく「先天性股関節脱臼」と診断されて、機能的療法のリーメンビューゲル法を受けたが回復せず、10か月で手術。それでも、母乳を飲む力が弱く、やせていて、まっすぐ歩くことがなかなかできなかった。3歳の時、精神運動発達遅滞。下肢については、機能障害（低緊張）による両下肢不自由と診断される。現在は、歩行時の横揺れや不安定感を解消するため、インソール（歩行補助装具）を装着。赤ちゃんのころから、喘息もあり、病院通いが絶えない毎日ながら、彩也夏ちゃんは、明るい性格。いつも周りに人がいて、病院でもアイドルだったそう。

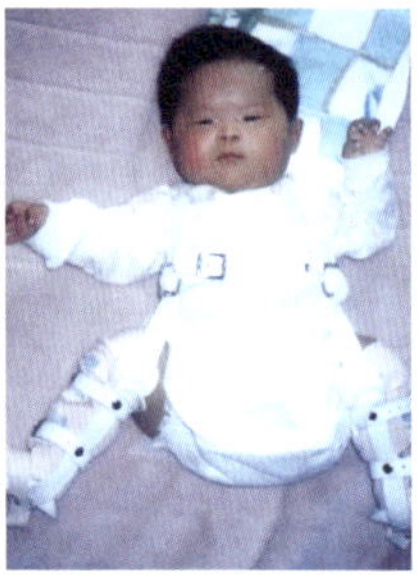

生後1か月の彩也夏さん。リューメンビューゲル法を受ける。

幼稚園入園を決心！

2歳になったころ、当時住んでいた郡山で、幼稚園の職員さんが入園を勧めに奈美恵さん宅を訪れた。当時、子育ての不安や心配をたくさん抱えていた奈美恵さんは、彩也夏さんが幼稚園生活を楽しく送れるのか?母として彩也夏さんのサポートが適切にできるのか?他の保護者の方とうまくやっていけるか?あれこれ悩むことに。しかし、勇気をもって家庭から社会に一歩踏み出すことを決めた。彩也夏さんは、幼稚園で、たくさんの友達や先生に出会い、歌・体操・ダンスなどを思う存分楽しみ、持ち前の明るさを発揮。その後、和香菜さん（小6）、亜紗美さん（小4）の3姉妹が三浦家に誕生したのも、彩也夏さんのたくましさや可能性をこのころに感じることができたから。誕生した二人の妹を、彩也夏さんは、とても可愛がった。

彩也夏さん6歳（左）、亜紗美さん0歳（中央）、若香菜さん2歳（右）

娘たちと母が一緒に地域活動

〈ガールスカウト〉

ガールスカウトは妹たちが会員。家族参加ができる時に、彩也夏さんも奈美恵さんと一緒に参加する。茶道や、料理を習ったりするほか、地元を流れる白石川の水質調査や岩沼市の「千年希望の丘植樹祭」（津波の力の減衰や避難場所として活用しながら千年先まで想いを伝えていく）等、環境創りの活動もする。異年齢の子どもたちが集まって、一緒に、様々な活動を通して成長できる環境に感謝している。

根が真っ直ぐ下に伸びる「タブの木」を選んで植樹しました。

「ドリームリンガーズ」ハンドベルサークル

音楽好きな彩也夏さん。ハンドベルで演奏する「ミッキーマウスマーチ」や「花は咲く（東日本大震災の復興支援応援チャリティーソング）」はお気に入り。ハンドベルを通して養われているのは「集中力」。そして、「仲間との輪」の大切さ。彩也夏さんの集中した顔、演奏が完成した時のうれしそうな顔、どっちも奈美恵さんは大好き。

「ちゃれんじど」ダンスグループ

障害をもっている子どもたちのダンスグループ。奈美恵さんと妹たちはボランテイア参加。よさこいも踊るし、EXILEの曲だって踊っちゃう。ダンスの先生は、ダウン症のお子さんを育てているお母さん。前向きで明るい母、また社会人としての立場を持つ先生の存在は、奈美恵さんに大きな影響を与えている。お父さんは、奈美恵さんと娘たちが出演するステージに、いつもビデオカメラを持って応援に来てくれる。

自立しなくちゃいけないのは、私？

彩也夏さんが中学生になって、奈美恵さんは、自分の心の中に葛藤を持つようになった。「自分が彩也夏を育てなければ」という強い使命感で子育てをしてきたけれど、いつの間にか、母親の自分が彩也夏さんに依存的な気持ちを持つようになっているのではないかという自分自身への疑いだ。このままでは、子どもの自立も阻んでしまうのでは？奈美恵さんは母として、彩也夏さんにどのような成長を願っているのか自問自答した。「人と共に、幸せに生きる人になって欲しい」「卒業後、仕事に就き、自立した生活ができるようになって欲しい」「人づきあいがちゃんとできる人にもなって欲しい」。母としての願いはこの3つだ。

彩也夏さんは、人が大好き。でも、時に加減を超えてしまって相手を困惑させてしまうことがある。素直で、おおらかな性格だけど、社会の中でみんなで気持ちよくつきあっていくためには、女性らしさや、身だしなみだって、磨いていく必要がある。小さな時は「可愛いね」と言われたことも、大人としては通用しなくなることだってあるはず。お父さんと相談し、高等部から船岡支援学校での寄宿舎生活を始めることにした。

赤いベレー帽がお似合い。ハンドベルサークルのユニフォームを着てピース！

たくましい寮生としての毎日

初めのころこそ、家族と離れて暮らすことが不安だった彩也夏さん。奈美恵さんは、自宅に電話をするための500円のテレホンカードを渡した。寄宿舎の夕食が終わる6時が近づくと、奈美恵さんは、電話があるかもしれないと、そわそわ。実は、彩也夏さんが電話をしてきたのは、1枚目のテレホンカードがなくなるまで。新しいカードになってからは、寂しくて電話をかけることは、ほとんどなくなった。（現在、寄宿舎の公衆電話は撤去された。）寄宿舎でも、学校と連携して自立生活ができるよう指導を受けている。高1、高3のルームメイトとの共同生活では、寮のプログラムも楽しみながら、寮ライフを満喫している。なんともたくましい。

母として社会人として

奈美恵さんは、大切にしている人とのつながりの大半が、彩也夏さんがもたらしてくれていることに、ある時気づいた。魅力的な人との出会いが奈美恵さんに活力を与えた。大河原町の震災復興事業として、「大河原えがお発信プロジェクト」の立ち上げ。イベントの開催時、600人収容の会場がいっぱいになって、人のつながりの大切さや素晴らしさを実感した。大河原町社会福祉協議会主催の「おもちゃの図書館パオ」にも参加。障害のある子どもを持ち、かつての自分のように、外に出る勇気が持てないお母さんや子どもたちの友達作りの活動をしている。2年前からは、彩也夏さんを通じて知り合った方からの紹介で、仙台の大学で秘書の仕事も始めた。三浦さん家族は、元気でとっても幸せそう。

秘訣はなに？という質問に奈美恵さんは答えた。「地域で家族みんながいろいろなことをしているから、地域の人たちが私たち家族を知ってくれています」。

町内で、引っ越しをした時、「彩也夏ちゃんが家と違う方向に歩いてる！迷子になったんじゃないか！」とみんなに心配して頂いた時、とても嬉しくて、感謝した。人と共にいて、楽しむことができている喜び。知ってもらっている、認めてもらっている安心が、三浦さん家族の力強い笑顔を生んでいる。

＼ 東北発！ ／ Music

とっておきの音楽祭

嬉しい！楽しい！
演奏でみんなが一つになる瞬間

とっておきの音楽祭は、障害のある人もない人も一緒に音楽を楽しみ、音楽のチカラで、「心のバリアフリー」を目指す音楽祭です。2001 年の第 1 回開催から、演奏・歌声・ダンスなど様々な「チカラ」を表現できるステージを提供し続けています。震災後の開催では、被災地東北からその「チカラ」を発信できる場として広く認知され、宮城県内はもとより東北そして全国にも、存在感と情報発信力を増しています。とっておきの音楽祭は、単なる音楽祭ではなく、社会を変えていく「チカラ」があります。人と笑顔と音楽そして感動に満ちた、魅力あふれる音楽祭を参加者全員が創っています。

サルサガムテープ

2016年ポスター制作
ロックバンド「サルサガムテープ」磯崎　章宏さん

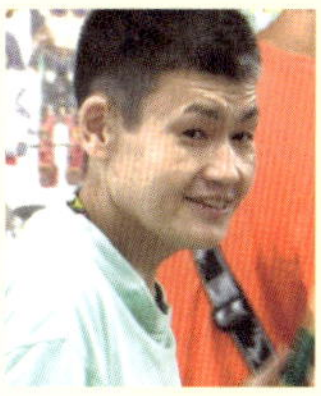

磯崎さんの活動拠点は、神奈川県厚木市にある福祉事業所、NPO法人ハイテンション。ここで一心不乱に画を描く。事業所の中はもちろん、周辺の道路にも「とびだしちゅうい！」などのイラスト付き看板が立てかけてある。

そして、磯崎さんのもう一つの顔は、日本初！知的障害者によるプロのロックバンド「サルサガムテープ」のメンバーであること。ポリバケツにガムテープを貼った太鼓でリズムセッションを始めたことからついたバンド名。磯崎さんは、パーカッションを担当。プロのバンドとして年間20本以上の公演を続けている 。

ロックは、すべての壁を壊し、すべてを受け入れる究極のバリアフリー。
世の中にある、障害者に対するネガティブなイメージを演奏で打ち払いたい！

サルサガムテープ　https://salsagumtape.tumblr.com/
NPO法人ハイテンション　http://hitension.org/

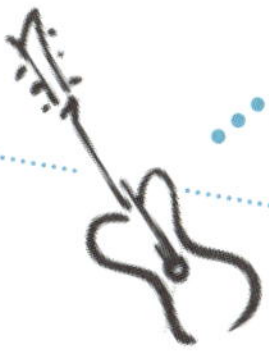

音楽のチカラはつながるチカラ

船岡支援学校　佐藤　真由美先生

5月半ば……今年も放課後、バンド練習の音が聞こえる時期となりました。本校は今年で「とっておきの音楽祭」15回目の出場となります。毎年、この音楽祭に参加することを楽しみにしている児童生徒・教師が集まり、短い期間の練習ではありますが本番に向けて一生懸命練習をしています。年々参加人数が増え、昨年度は50名を超える参加で迫力ある演奏でした。今年度の44名も、熱い思いや熱い演奏は、先輩方に引けをとりません。当日は、児童生徒の歌と笑顔、そして教師によるこの音楽祭のためだけに結成されたバンド演奏が一つになり、会場を盛り上げました。

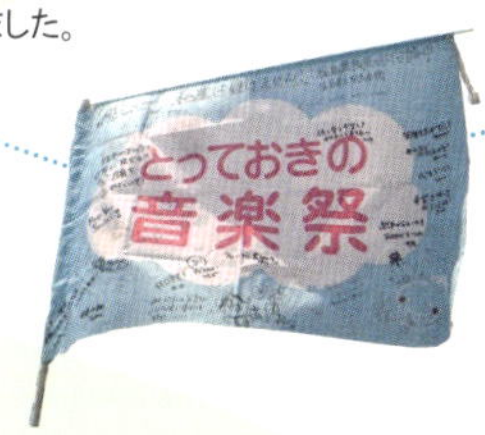

様々な人と交流を持つ経験のできる場に感謝

船岡支援学校PTA会長　関　真納美さん

毎年6月に開催される「とっておきの音楽祭」は、障害を持つ人たちも主役になれる音楽祭です。仙台市内のアーケード街、勾当台公園など、いろいろなところで、にぎやかな歌声や演奏が繰り広げられるストリート音楽祭は、みんながわくわくする恒例の仙台発イベント。

我が校、船岡支援学校も小学部から高等部まで有志19名、先生方25名の音楽隊を結成し、仙台市役所前広場で演奏しました。演奏は、いきものがかりの「じょいふる」・AKB48の「365日の紙飛行機」・アニメ忍たま乱太郎のテーマ「世界がひとつになるまで」、みんなが知っている懐かしの名曲「ヤングマン」など4曲。客席の皆さんもおなじみのYMCAアクションを一緒にしてくださって、会場は一体感に包まれました。子どもたちと先生44名の音楽隊が一つになるまで、何度も何度も繰り返し練習が必要で、辛いこともあったかもしれません。でも、皆の笑顔を見ていて、心から、「頑張ったね！」「こんなに嬉しい時をみんなで体験できて良かったね！」と思いました。ラストは、参加者全員で手をつないでのフィナーレ。温かく・チカラ強い、拍手喝さいをいただきました。様々な人と交流を持つ経験こそが、子どもたちの成長のために、とても大切であることを感じます。そして、それができる機会と場がある、私たちの地域に感謝しました。今後も、「とっておきの音楽祭」が継続して、発展していくことを願っています。

車いすやバギーで楽しめるスポットを紹介します。
「行ってよかった！」「こんな楽しみ方もある」
「お気に入り！」など、リアルな情報が満載です。

① JR石巻線 女川駅

おすすめ POINT

駅舎の2Fに温泉「ゆぽっぽ」、3Fに展望フロア、駅舎正面には足湯も。駅の向かいには復興後つくられた新しい商店街が広がり、その向こうに女川湾が見える。食事処も沢山あり、特に海鮮丼が人気。段ボール製の車展示も話題。9月のさんま収穫祭で献血に協力すると、女川で水揚げされたさんまをもらえるかも！

アクセス

女川町女川浜字大原1-10
仙台駅よりJR仙石線・石巻線で約90分（石巻駅乗換）
仙台南ICから約1時間
℡ 0225-50-2683
営 9:00-21:00（ゆぽっぽ）
休 第3水曜日（ゆぽっぽ）
駐 30台
トイレ：身障者用あり、ベッドなし
「ゆぽっぽ」の利用は中学生以上500円、小学生300円、幼児無料

② 創生の森 蔵王わん！わん！ランド

おすすめ POINT

子型犬から大型犬まで遊べるドッグラン。斜面を登っていくと、眺めが良い広場がある。敷地内にはペット同伴で食事を楽しめるドッグカフェがある。

アクセス

川崎町大字前川字沼の平山1-26
村田ICから車で約20分
℡ 090-5834-3026
営 9:00-17:00
休 火・水
駐 30台
利用料金は1頭目1,000円、2頭目から半額

③ 産直広場 あぐりっと

おすすめ POINT

ソフトクリームは220円で種類多数。地元農家の野菜、米、味噌、漬物などを販売。パンにスイーツ、弁当、カフェもあり、ゆっくり食事も楽しめる。NHKの番組「グレーテルのかまど」にスイーツが紹介される予定(7月)。近くにはやぎの親子もいる。
ドライブがてら立ち寄ってはみてはいかが？

アクセス

角田市毛萱字舘下11-4
駐車場約30台
店内へのスロープあり
℡ 0224-65-3887
営 9:00-18:00

④ 秋保ヴィレッジアグリエの森

おすすめ POINT

バリアフリーを意識した解放感ある木造の店内は車いすでも広々。観光の土産品が充実。地場産品、野菜に花鉢などを販売。フードコートはテーブル席多数、テラス席もあり、新緑の眺めを見ながらの食事は格別！

アクセス

仙台市太白区茂森字中谷地南32-1
仙台駅よりバスで約35分
西口バスプール・宮城交通8番乗り場で秋保温泉行きに乗車、「中谷地」バス停で下車
℡ 022-302-6081
営 9:00-18:00
休 元旦　駐 170台

⑤ 仙台市天文台

おすすめ POINT

天文台の裏庭は太陽系の惑星軌道が75億分の1スケールでデザインされている。散歩しながら金星や木星を探して惑星探査を味わってみよう。

アクセス

仙台市青葉区錦ヶ丘9丁目29-32
仙台駅から車で約30分
電車の場合、仙台駅よりJR仙山線で愛子駅下車。愛子駅前停留所から天文台入口までバス。徒歩5分。
℡ 022-391-1300
営 9:00-17:00（土曜日は21：30まで）
休 水曜日・第3火曜日・年末年始
駐 125台（身障者用5台）・無料
トイレ：身障者用あり、おむつ替え台あり
観覧料は展示室、プラネタリウム各一般600円、高校生350円、小・中学生250円。
※手帳の提示で、本人と18歳以上の介護者1名は無料

⑦ 青根温泉
（朝日の湯、停車場の湯）

おすすめ POINT

無料足湯施設。階段を上がった「朝日の湯」は、熱めと少しぬるめがある。車椅子から移動しやすい場所の「停車場の湯」は、少しぬるめ。どちらも肌がつるつるになる美人の湯。自然の眺め、鳥のさえずりに癒される。

アクセス

川崎町前川青根温泉
川崎ICより車で約15分
℡ 0224-85-3122（青根温泉観光事業協同組合）
営 24時間
休 なし
駐 なし（近くに無料駐車場あり）

⑧ 蔵王エコーライン 御釜

おすすめ POINT

エコーラインからハイラインを通り蔵王刈田山頂へ。駐車場からバリアフリーの道を歩いて2～3分で御釜を見下ろす展望台に到着。エメラルドグリーンの美しい湖が見える。少し坂道なのでゆっくり歩こう。山頂には県営レストハウスがある。夏場に出かけて涼むのがおすすめ！

アクセス

蔵王町遠刈田温泉倉石岳国有林内
村田ICもしくは白石ICから車で1時間
℡ 0224-33-2215（蔵王町農林観光課）
営 気象状況によって変更になる場合あり
休 11月上旬～4月下旬は冬期通交止め
駐 約300台

⑨ 黄金川温泉（足湯・湯らり）

おすすめ POINT

オレンジ色の珍しい湯。かなり熱めで、足湯だけで全身ぽかぽかになる。皮膚のかゆみ、傷に効果がある。

アクセス

蔵王町宮字中野129
仙台から車で約50分
℡ 0224-32-3960（白鳥荘）
0224-33-2003（蔵王町保健福祉課）
営 9:00-21:00
休 毎週月曜・年末年始（白鳥荘）
駐 30台。身障者用あり（白鳥荘内）

⑩ 蔵王ハートランド

おすすめ POINT

緑の牧草地が一面に広がる約100ヘクタール（東京ドーム20個分）の牧場で、牛や羊などが飼育されており、動物と触れあえる。手作り体験館、直売店は車椅子でも広々。お土産品の試食も楽しめる。入場無料。

アクセス

刈田郡蔵王町遠刈田温泉字七日原201
村田ICから30分、白石ICから25分
℡ 0224-34-3769（蔵王酪農センター）
営 9:30-17:00
休 11月下旬～3月までは冬期休業。
駐 100台

⑪ 国営みちのく杜の湖畔公園

おすすめ POINT

家族連れで楽しめるポット。入口近くに障がい者用駐車場があり、公園内はスロープ完備で車椅子でも安心。特におススメは春。色とりどりの花たちが癒してくれる。大自然の芝生の上でお弁当を食べたり、ボール遊び、バドミントンなどもできる広場もあり、家族みんなでリフレッシュ！

アクセス

川崎町大字小野字二本松53-9
仙台駅より宮城川崎ICから約10分（仙台から車で約1時間）バス（秋保・川崎仙台西部ライナー）で約70分（仙台駅西口～みちのく公園下車）
℡ 0224-84-5991
営 9:30-16:00（11月～2月）
9:30-17:00（3月-6月・9月-10月）
9:30-18:00（7月～8月）
休 火曜日
駐 普通車310円（手帳の掲示で無料）
トイレ：身障者用あり・ベッドあり・ストーマ造設されている方用あり

⑭ とんとんの丘

おすすめ POINT

とんとんの丘は、もちもちした美味しい豚肉や揚げたてのとんかつ、コロッケを販売している「もち豚館」から少し坂を上ったところにある。うさぎ、やぎ、ポニー、ひつじなどの小動物や大きなダチョウに会うことができる。

アクセス

柴田郡大河原町新寺字北185-11
仙台市内から、国道4号線を福島方面へ約50分
㊐ 0224-51-5811
㊎ 10:00-19:00
㊡ 第3水曜日（祝日の場合は翌日）
トイレ：身障者用あり

⑫ あすと長町中央公園

おすすめ POINT

東北本線長町駅から徒歩7分
広々した新しい公園。子どもの遊具スペースの反対側は、芝生がきれいな散歩エリアで小高い丘もバリアフリー。駐車場がないので気をつけましょう。

アクセス

仙台市太白区あすと長町4-4
㊟ なし（長町駅・太子堂駅付近に有料駐車場あり）
トイレ：身障者用あり

⑮ 焼きたてパンの店　ボンヌ・ジュルネ　名取本店

おすすめ POINT

昼時は、次々と焼きたてパンがお目見えし、香ばしい香りがたまらない。もちもちふわふわのサンドイッチも美味しい。天気の良い日は店外のテーブル席で好みのパンを堪能するのもよし。

アクセス

名取市増田5丁目3-10
㊐ 0223-46-7106
㊎ 7:30-19:00
㊡ 年中無休
㊟ 有
店内へのスロープあり

⑬ かんけつ泉

おすすめ POINT

急な坂道を下り、窓口で入場料を支払うと、10段ほど階段を登ったところに足湯がある。バリアフリーではないので注意が必要。晩夏にはトンボや蝶が飛ぶ、とてものどかな場所。

アクセス

大崎市鳴子温泉鬼首字吹上 12
JR 陸羽東線・鳴子温泉駅からバスで 27 分
㊐ 0229-86-2233
㊎ 9:00-16:30（12 月～翌 3 月は 10:00-15:00）

⑯ ぱぴハウス　川崎店

おすすめ POINT

社会福祉法人臥牛三敬会「虹の園」の敷地内にある、石窯ピザの食べられるイタリアンレストラン。ピザかパスタを選ぶランチメニューは850円～1000円でデザート付。エリンギとベーコンのクリームパスタ、ファームピザがおすすめ。

アクセス

柴田郡川崎町大字前川字北原22-9
㊐ 0224-85-1656
㊎ 11:00-19:00（ランチ14：00まで）
㊡ 毎週月曜日
㊟ 有

東北を走る電車たち

船岡支援学校（高等部3年）
鹿野 貴大くん（左）が紹介します！

SAT721系
仙台駅ー仙台空港駅間

HBE210系
仙台駅 - 石巻・女川駅間

リゾートみのり
仙台駅（又は小牛田駅）- 新庄駅間

会津のマスコット
“あかべぇ”
がかわいい

719系0番台
郡山駅-喜多方駅間

21世紀の夢の
超特急

はやぶさ（新幹線）
東京駅 - 新函館北斗駅間

⑲ 美容プラージュ　大河原店

おすすめ POINT

店内へのスロープあり。「車椅子のままでもカットできますよ。」声と親切なスタッフが声をかけてくれる。多目的トイレではないが、車イスのままでも利用可能。

アクセス

大河原町新東27-4
㊢ 0224-51-0260
㊖ 8:30-19:00（カットは18:30最終受付）
㊡ 年中無休（1月1～3日を除く）
㊟ あり

⑳ カラオケ&ネットカフェ24h　自遊時間

おすすめ POINT

たまには家族・友達を誘って、ストレス解消しよう！カラオケだけでなく、ダーツや卓球、ビリヤードなども楽しめる。フードメニューも単品メニューからパーティーメニューなど豊富で、持ち込みも自由。

アクセス

大河原町新南62-25
㊢ 0224-52-0850
㊖ 24時間
㊡ 年中無休　㊟ あり
トイレ：身障者用あり（1Fカラオケのみ）

㉑ 山元いちご農園　Berry Very Labo

おすすめ POINT

震災後にオープンしたいちご農園に併設されたカフェ。店内ではいちごを使ったランチやスイーツが味わえる。この夏、いちごのスペシャルなかき氷が登場！

アクセス

宮城県亘理郡山元町山寺字稲実60
山元ICから約5分
㊢ 0223-37-4356
㊖ 10:00-17:00
㊡ 年中無休　㊟100台
トイレ：身障者用あり、おむつ替えスペースあり

㉒ みやぎ生協　大河原店

おすすめ POINT

高齢者や身体の不自由な人を手伝ってくれる「サービス・ケア・アテンダント」の資格を持つスタッフが4名おり、車椅子での買い物も安心。

アクセス

大河原町字広表22-3
㊢ 0224-51-3500
㊖ 9:00-22:00
㊡ 元日
㊟ 150台

⑰ ほっとスペース「そよ風」

おすすめ POINT

喫茶コーナーでは、ランチ（500円）、ケーキセット（300円）が楽しめる。図書の貸し出しや古着市の他、豆腐、油揚げ、おからかりんとう、パン、レトルト食品などの販売も行っている。のんびりしたいときに寄ってみては。

アクセス

柴田町船岡中央1-2-23（はらから地域支援センター内）
㊢ 0224-58-3443
㊖ 毎週木～日曜日 10:00-17:00
㊟ 有
トイレ：身障者用あり

⑱ 蔵の喫茶店　cafe　蔵人

おすすめ POINT

気さくなマスターが美味しい珈琲をいれてくれる。おすすめは、コーヒーが苦手な方でも飲みやすい「有機栽培珈琲」と宮城県産の「竹鶏たまご」と「桜中味噌」使用のほのかな味噌風味で美味しい「味噌シフォン」。疲れてる時は癒され、おしゃべりしたいときはマスターが色々なネタで楽しませてくれる。

アクセス

宮城県柴田郡村田町字町75
㊢ 0224-83-2243
㊡ 不定休
㊖ 10:00-18:00
㊟ 店の隣に駐車場あり

仙台白百合女子
大学生・取材記

安心してステップアップできる場所
長町遊楽庵 びすた〜り

取材／重茂 彩野・志村 郁奈・戸川 安奈

築130年の古民家を改築してつくられた、仙台市太白区にあるレストラン「長町遊楽庵びすた〜り」。ここは、特定非営利活動法人「ほっぷの森」が、就労継続支援事業A型として運営し、障害のある人が自立を目指し、自分のペースで働ける場となっている。

今回、開店前から、いまに至るまでどのような想いで経営されてきたのか、常務理事の菊田さんにお話をうかがった。

スタッフと一緒に作り上げた空間

モダンでありながら落ち着いた雰囲気で町並みの中に一際存在感を放っているびすた〜り。一見しただけでは、ここが障害者の就労支援事業所ということはわからない。

開店までのいきさつについて、「元々、障害のある方の就労を手伝いたいと、びすた〜りを開こうと考えたのですが、当初、障害者の福祉施設に適した物件を探してもなかなか見つけられなかったんです。そんなとき、知人がここを紹介してくれました」と菊田さん。改装の際には、床のタイルやビー玉の装飾に至るまでスタッフみんなで作り上げたそうで、空間全体がまるで自分の家にいるような穏やかな空気に包まれている。

コンサートや様々なイベントができて、障害者が働ける場所

長町遊楽庵 びすた〜りでは、現在11名の障害のある方々が雇用契約を結び、働いている。それぞれ調理場、ホール、事務の仕事を担当し、労働時間は一日6時間、早番と遅番のシフト制。なかには一人暮らしをされている方もいるそう

色とりどりの植物が並べられたエントランス。この奥が入り口。

開放感のあるお洒落な店内は段差がなく、低めに作られたテーブルや角がない家具が使われているなど、安全面でも配慮が行き届いている。

だ。「生活面において困っていることなどがあれば、外部の支援機関と連携しサポートしていきます。安定して仕事に取り組むためには、生活の安定がとても大切なのです」。びすた〜りでは、様々な福祉のサポートを受けながら働くことができる。

お店のコンセプトとして大切にしているのは、「コンサートや様々なイベントができて、障害のある方が活躍できる場所」であること。レストランとしてだけでなく、多目的に利用していただくことで、たくさんの仕事が生まれ、障害のある方も得意なことを活かしながら生き生きと仕事を行っている。お客様の喜びや満足がすべての中心であることを心掛けているそうだ。

貸切コンサートやイベントは年間150本ほど行われる。ランチ、ティータイム、ディナーと様々な時間帯に開催され、おいしい食事とともに多様なジャンルの生ライブを楽しむことができ、大勢の方が集まる。地域の人たちの居場所としての役割も担っているようだ。

びすた〜りファームとの連携

提供しているメニューには「びすた〜りファーム」という同法人が管理している農園で育てた野菜を中心に使用している。びすた〜りファームは就労継続支援事業B型として機能しており、スタッフは畑作業や仲間、お客様との関わりを通して仕事についてゆっくり学びながら、次のステップアップを目指している。「畑とレストラン、それぞれ事業所は別ですが、お互い関わり合いながら仕事を行っています」と菊田さん。午後3時、店内ではお茶の時間を楽しむお客さん達が、店名の「びすた〜り」※の通り、ゆっくりと穏やかな時間を過ごしていた。

※ネパール語で「ゆっくり」という意味

びすた〜りファームで収穫された新鮮な野菜は店頭で購入可能。

お話を伺った方

特定非営利活動法人ほっぷの森
常務理事　菊田　俊彦さん

民間のリゾートホテルなどでフレンチや和食レストラン・営業企画・フロントなど様々な経験を積む。その後障害のある方との出会いの中で、人にはそれぞれのペースや役割があるということに気づき、障害のある方とともに作るより魅力的なレストランを目指し、びすた〜りをスタートさせる。

今回は取材のみで終わってしまって残念でした。今度はゆっくりと料理やスイーツを楽しみたいです！

長町遊楽庵　びすた〜り

仙台市太白区長町3-7-1
TEL.022-352-7651
FAX.022-352-7652
OPEN 11:00
Lunch Time 11:30-14:30
Tea Time　14:30-17:30
Dinner Time 17:30-21:00
地下鉄長町駅北2番出口 徒歩５分。

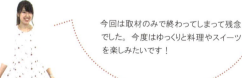

仙台白百合女子大学生・取材記

野球を通して感動を創り、夢を与えたい

東北楽天ゴールデンイーグルス

取材／遠藤 亜紀・重茂 彩野・志村 郁奈

「私たちは野球を通して感動を創り、夢を与える集団である」を理念に、宮城県仙台市にある『楽天Ｋｏｂｏスタジアム宮城』を本拠地として活動する東北楽天ゴールデンイーグルス。

今回、スタジアム部施設管理グループマネージャーの長谷川誠一さんに、施設のバリアフリー化とその背景についてお話を伺った。

安心・安全の確保

「私たち東北楽天ゴールデンイーグルスは、野球を通して、お客様の日常生活、さらには人生に楽しさを感じてもらえるような事業を行いたいと思っています。そして、どんなお客様にも楽しんでいただくために、『安心・安全の確保』を大切にしています。どんな場所も当たり前にバリアフリーになって、この社会から『バリアフリー』という言葉自体がなくなってしまえば良いと考えています」と長谷川さん。

このような思いから、当施設の次のようなコンセプトが完成したそうだ。

- **ハンデを持つ方々への配慮を行う↓客席に行くためのルートを確保**
- **密接なコミュニケーションを行い、お客様からの要望を可能な限り取り入れ、解決方法を一緒に考える↓全スタッフに「接遇教育」の実施**
- **困ったときに手伝える体制をとる**

これら全てを一度に行うことは難しいことだが、改修工事を重ねる度に、ひとつひとつ解決していけるように努めているそうだ。

球場のバリアフリー化

球場を設計していた時に、ちょうど宮城県がバリアフリーへの取り組みに力を入れており、県の社会福祉課には、〝バリアフリーみやぎ推進ネット〟という障害者支援団体のネットワークが設置されていた。長谷川さんたちはそこで当事者の方々の生の声を聴きながら、球場のバリアフリー化を具現化していったという。

改修にあたっては、宮城県から一部補助金を受け、お客様のご意見やご要望を取り入れながら設計・施工が進められ、約2年の歳月を経た2006年に完成。地域の障害者団体等との意見交換を通じて積極的にバリアフリー化を進めたことが、『障害者をはじめ幅広い層に、スポーツ観戦への参加機会の拡大に取り組んでいる』と評価され、2012年に「国土交通省バリアフリー化推進功労者大臣表彰」を受賞した。

Kobo Stadium Miyagi

楽天 Kobo スタジアム宮城のバリアフリー設備をご紹介します！

3塁フィールドシート

スロープの幅もたっぷり。
頭上にはネットが張ってあるので安心！

車椅子専用テーブル

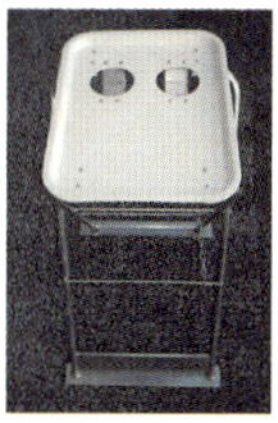

全部で43席の車椅子席が設置されている。車椅子席には付き添い者1名分のチケットと駐車券1枚付き。
車椅子専用テーブルは球場オリジナルだそう。とっても便利！

エレベーター

球場に4台、クラブハウスに1台設置されているエレベーター。
広々としたつくりになっているので、車椅子でもストレスなくスムーズに乗ることができる！

多目的トイレ

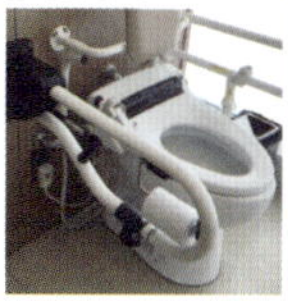

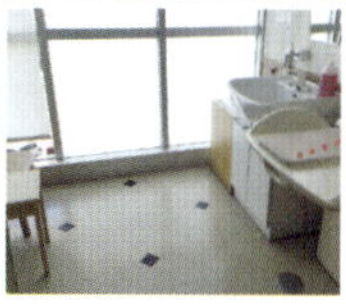

付き添いの人も余裕で介助できる広さ。
オストメイト対応トイレが完備されている。

お話を伺った方

スタジアム部施設管理グループ
マネージャー　長谷川　誠一さん

楽天スタジアム内のスマイルグリコパークにある観覧車。階段の昇降を介助してもらえれば、障害者でも利用することができる。（観覧車内は車椅子持ち込み不可）

グリコとコラボして作られたポッキーの形のフェンス。

授乳室

取材を終えて

東北楽天ゴールデンイーグルスでは、地元のファンが球団運営に直接携われるように、「ボランティアスタッフ制度」を採用している。さらに、球場スタッフに対し「接遇教育」を実施し、困っている人を見つけたらすぐに声をかけるなど、気配りができるよう指導しているそうだ。

今回の取材で、楽天スタジアムではさまざまな方が野球観戦を楽しめるよう、非常に細かい配慮がなされていることを実感した。また、お菓子メーカーのグリコとコラボして作られた観覧車やフェンスなどもあり、野球ファン以外でも楽しめそうだ。

楽天 Kobo スタジアム宮城

仙台市宮城野区宮城野 2-11-6
TEL 022-298-5300
仙台駅から徒歩 20 分 / シャトルバス 8 分
（仙台駅発　大人 100 円、子ども 50 円）
駐車券は前売り制。詳細は球場 HP にてご確認ください。

仙台白百合女子大学生・取材記

すべての人に優しい鉄道を目指して
仙台市交通局　地下鉄東西線

取材／重茂 彩野・志村 郁奈

平成27年12月6日、仙台市に開業した地下鉄東西線。今回、長年、東西線の建設に携わってこられた仙台市の職員の方に開業に至るまでの背景とバリアフリー化についてお話を伺った。

国際センター駅と大町西公園駅を結ぶ広瀬川橋りょうを走る東西線

地下鉄東西線開業への思い

仙台市は少子高齢化社会における人口減少、そして地球環境に配慮し、鉄道を基軸としたコンパクトシティの形成を目指している。東西線の建設はこのような新たな都市形成のための重要なプロジェクトとして進められた。設計段階では、誰にとっても使いやすく安心して乗れること、最先端の技術を取り入れることを重要視したという。平成15年に鉄道事業許可を得て、平成18年に着工。東日本大震災の影響で工事が一時中断したものの、大きな被害はなく、平成27年9月に工事は完了した。

バリアフリー化の具体的な取り組みとしては、平成15年に「仙台市交通局交通バリアフリー特定事業計画推進委員会」を設置し、高齢者や障害のある方を対象としたバリアフリーに関するアンケート調査を実施。「自力で乗り降り出来るようになってほしい」「改札をそのまま一人で通ってみたい（いつもは駅員さんのところへ行かなければならないため）」などの意見を得た。さらに、バリアフリーへの取り組み状況や実施予定の事業について、障害のある方と意見交換をし、見直しを行いながら東西線の設計に反映させていった。

東西線の「イチ押し！」ポイント

ひとつは、車両とホームの間に使用した「すき間調整材」。今までは車椅子を利用されている方の場合、駅員を呼んで渡り板をもってきてもらう必要があったが、これによって一人での乗り降りが可能となった。

もうひとつは「ひろびろトイレ」。1駅に2箇所設けられており、手すりが左右対となっている。ボタン式自動扉やオストメイト対応設備、ベッドも完備されている。

開業前、障害者を対象に見学会を実施したところ、「ここまでやってくれて満足！」「南北線もやってほしい」「階段や段差がなくて便利」という声があがったとのこと。開業後も利用者にはおおむね好評のようだ。

全ホームに「すき間調整材」が設置され、車椅子の方の一人での乗降がスムーズになった。

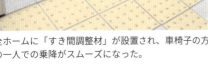

車椅子の人が自分で車椅子を操作して通過できるよう、すべての自動改札機の幅が広くつくられている。

ホームから電車に乗るまで全く段差がなく、とってもスムーズに移動できることに感動しました！

駅ナンバリングや英語表記がわかりやすい案内表示（仙台駅）。

バリアフリー計画も常に時代の先を読みながら考えていることに驚きました！

ベッド、オストメイト対応設備も整った「ひろびろトイレ」。

すべての駅に出入口からホームまで上下方向のエスカレーターとエレベーターが設置されている。

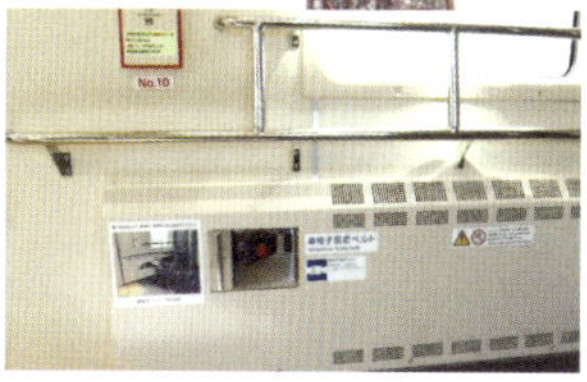

車内には車椅子用固定ベルトも設置されている。

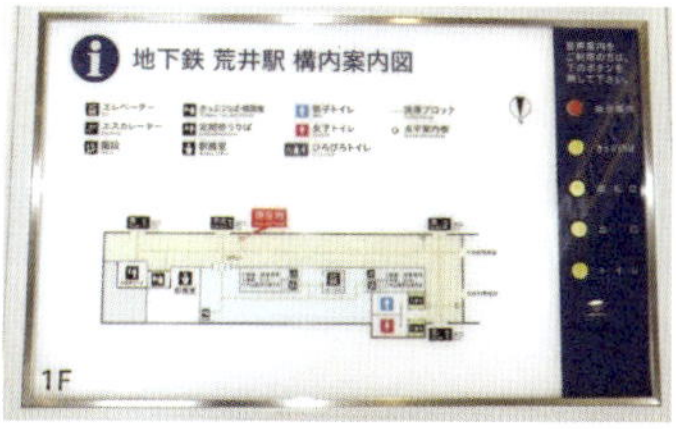

音声案内も利用できる触知案内図。利用した視覚障害者からは「音声が聞き取りやすく、音量も良い。目的場所への方向案内を時計方向で説明しているのは良い」と好評。

取材を終えて

わたしたちも日常的に地下鉄東西線を利用しているが、東西線ができてから、仙台市内の移動がとてもスムーズになったと感じている。また、地下鉄と、JRの在来線や東北新幹線とは雨に濡れずに乗り換えできるので、仙台市内の移動にとどまらず、更に遠方へと楽に移動できるようになり、障害のある方の生活にも変化が生まれたのではないかと思う。

今後もすべての人にとってやさしい環境を目指すべく、バリアフリー化を進められていくとのこと。仙台市内の移動時には地下鉄東西線を利用して、快適な鉄道の旅を体験してみてほしい。

お話を伺った方

森 研一郎さん（右）
仙台市交通局次長（地下鉄担当）
（前仙台市交通局東西線建設本部建設部長）

菅井 康弘さん（左）
仙台市若林区建設部街並み形成課街並み係長
（前仙台市交通局東西線建設本部建設部建築課建築係長）

仙台市交通局
仙台市青葉区木町通 1-4-15
TEL 022-224-5111
http://www.kotsu.city.sendai.jp/

［ 東西線路線図 ］

T01	T02	T03	T04	T05	T06	T07	T08	T09	T10	T11	T12	T13
八木山動物公園	青葉山	川内	国際センター	大町西公園	青葉通一番町	仙台	宮城野通	連坊	薬師堂	卸町	六丁の目	荒井

仙台駅から最端の駅までの運賃は 300 円、3 駅までは一律 200 円。
乗車時間は八木山動物公園駅から荒井駅まで 26 分ほど。仙台駅からはどの駅にも 15 分以内で移動できる。

津波で倒壊した障害者施設の前で。宮城県名取市の沿岸部にて/2011年4月

東日本大震災とＣＩＬたすけっと

みんなで考えよう！障がい者の災害対策

ＣＩＬたすけっと 事務局長
杉山 裕信さん HIRONOBU Sugiyama

未曾有の大災害、東日本大震災の記憶が薄れつつある中、熊本地震が発生しました。大災害に見舞われる可能性は誰にもあります。障がい者であっても、予測不可能な事態に備える必要があります。「ＣＩＬたすけっと」事務局長の杉山さんは、障がい当事者として、長年にわたって、ノーマライゼーション社会の実現のために活動を続けています。東日本大震災後は、障がい者の災害対策や、障がい者への災害時支援の在り方について支援活動を行いつつ、広く提言・啓発の取り組みを行っています。

2011年3月11日14時46分。震災からの5年間は、あっという間だった気もするし、長かった気もします。はじめの1年半は、宮城の被災した障がい者の支援に必死でした。そして、その後は、このような震災があった時に、同じ過ちを二度と繰り返さないために、どうしたらいいかということを考えてきました。仙台市や宮城県に対しても、公ができる支援はしてもらいたいと思い、いろいろな要望をしてきました。この要望の実現は、まだまだ十分ではありませんが、宮城県・仙台市とも、被災した障がい者の支援についての仕組みづくりが、ようやく始まろうとしています。また、震災を経験して、大震災において、公助だけでは圧倒的に人が足りず、共助が必要だということがはっきり分かりました。ＣＩＬたすけっとは団体発足当初から、ゆめ風基金の宮城支部を担っており、震災前から活動を行ってきましたが、理想的な自助・共助・公助が協同して取り組む防災・支援体制は、まだまだ築けていない現状があります。

今年、4月14日と16日に熊本県や大分県で、震度7や震度6強の地震が連続で発生しました。熊本市をはじめ、周辺市町村では、甚大な被害が出ています。

東日本大震災で障がい者の死亡率は、健常人の2倍といわれています。また、命は助かっても、避難所に入れなかったり、支援物資が受け取れない事態も多発しました。これらの要因は、障がい者が住んでいる周辺地域の人たちの障がい者への無理解だったり、そこに障がい者が暮らしていることすら知られていなかったことによるものです。

「たすけっと」では、東日本大震災後、国に対して、県に対して、市に対して、このような事実を知らせるとともに対策を講じることを要望してきましたが、今回の熊本地震に活かされることはありませんでした。それがとても残念で

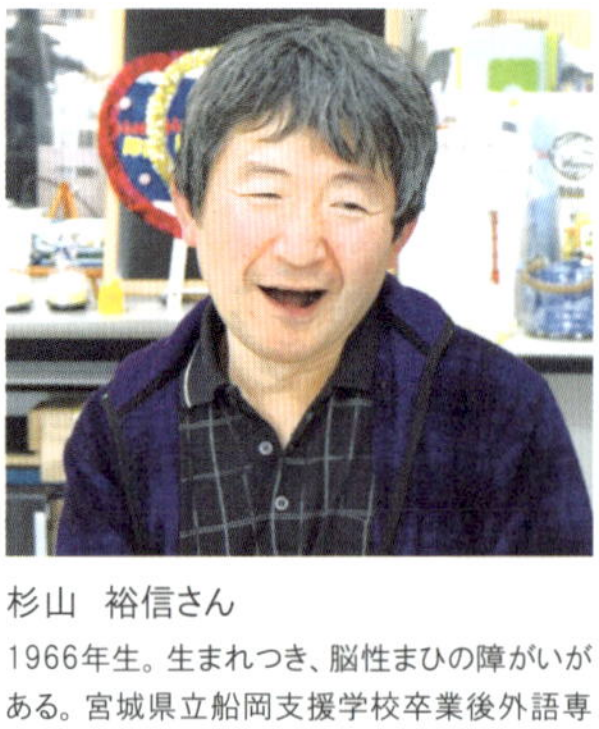

杉山 裕信さん

1966年生。生まれつき、脳性まひの障がいがある。宮城県立船岡支援学校卒業後外語専門学校に進学し卒業。適職を探して就活をする何年かを経て、心身障害者福祉センターのボランティア活動として、障がい者のレクリエーションプログラムなどの企画に携わる。1995年1月に 障がい当事者が活動する「CILたすけっと」設立。

東日本大震災発生2時間後。避難場所の小学校体育館には、人が溢れている。

悔しくてたまりません。

熊本地震後、東北地方から現地の救援ボランティアに参加した人の話を聞いたところ、熊本市では障がい者や高齢者が入ることのできる福祉避難所が、計画では175ヶ所あったのに31ヶ所しか開けなかったそうです。東日本大震災でも福祉避難所が開けなかったところが数多くあったのですが、自治体と福祉避難所に指定されている施設が協定を結ぶだけでは、実際に災害が起こった時に機能しない恐れがあることは明白です。機能する避難所にするための取り組みが不可欠なのです。

昨年の10月31日に、私が住んでいる町内会で震災後初めて大規模な防災訓練があり、それに参加しました。200人以上の参加者がいましたが、車椅子の障がい者は、私だけでした。障がい者自身も、町内会の防災訓練等に、もっと積極的に参加しなければ、地域の人の障がい者に対する理解も進んでいかないと思います。障がいがあることを隠すなどして、自分自身の存在を、地域から理解されることに消極的になることは、障がい者の暮らしの安心や、可能性を広げることも妨げてしまうのではないでしょうか。もっともっと積極的に地域と交流することを、障がい当事者が考えることが必要だと思います。

私たちCILたすけっとは、微力ながらも熊本地震に関しては、「ゆめ風基金ネットワーク宮城支部」として5月から毎月2回街頭募金をして「ゆめ風基金」本部を通じて義援金を送ることができました。このお金が、熊本県で立ち上がった「被災地障がい者センターくまもと」の活動資金の一部になればと願っています。

私たちが行っているのは共助です。障がい者も、地域で、豊かな人間関係を構築して助けあって生きていける社会を創りたいと思います。

今後、東日本大震災から10年、20年と経過していきます。震災は不幸なことでしたが、震災を経験したからこそ、災害に備えて障がい者がしなければならないことも見えてきたと思います。CILたすけっとは、そのための取り組みを続けます。是非、皆さんも一緒に考えてみてください。

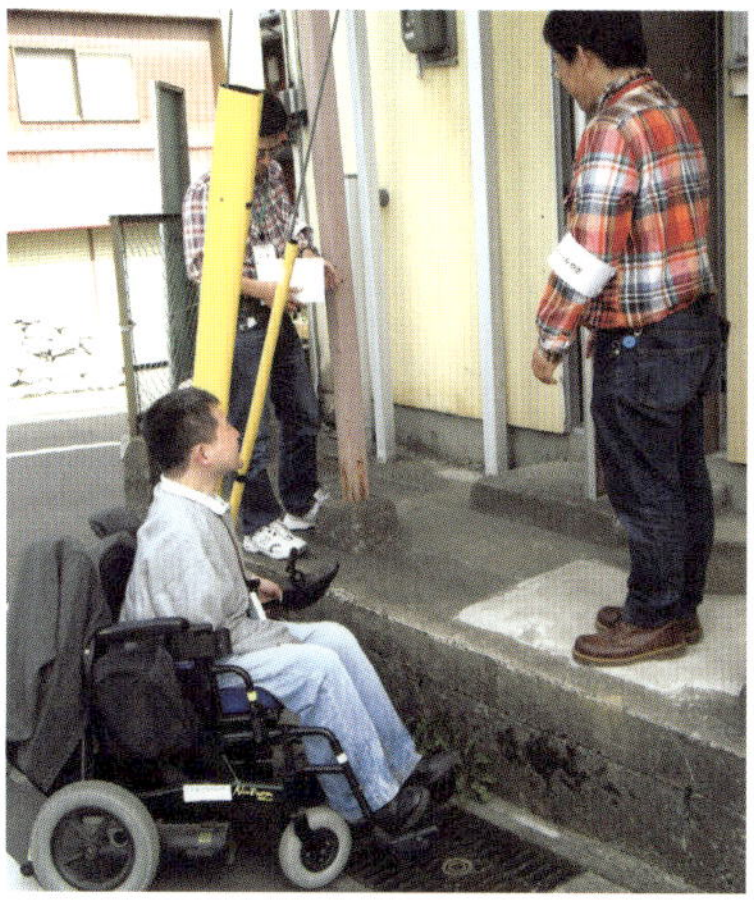

震災2か月後、杉山さんは物品発送活動をしながら、必要な支援がないか話を聞いて回った。

『CILたすけっと』とは

「どんなに重い障がいがあっても、地域で当たり前に生活がしたい！」そんな思いの障がい当事者が中心となり活動している団体です。障がい者が、地域で当たり前に生活できる社会を目指す運動を通して、「誰もがくらしやすいノーマライゼーション社会」の実現を目指しています。

《主な事業》
■ILP（自立生活プログラム）
■ピア・カウンセリング
■情報提供・相談受付（制度・生活全般）
■行政交渉
■介助者派遣サービス
■相談支援事業
■移動サービス
■タウンモビリティ事業
■バリアフリー調査
■機関誌「STEP」の発行（年4回）
■ゆめ風基金宮城県支部

《組織の概要》
自立生活センター　CILたすけっと
■JIL（全国自立生活センター協議会）加盟団体
■設立：1995年1月
■会員数：約30人

宮城県仙台市太白区長町1-6-1
TEL　022(248)6054
FAX　022(738)9501
blog: http://blog.canpan.info/tasuketto/

はらから福祉会

武田　元さん

HAJIME　Takeda

ゴールは遠い、でも見えつつある

障害者差別解消法、障害者雇用促進法等の改正に伴い、障害者が「働くこと」について、どのように考えたらよいのかが改めて問われています。その答えを探るべく、「働くことは当たり前のこと」という理念と明確な目標設定に基づいた実践を積み上げている「はらから福祉会」を訪問し、お話を聞きました。

はじめに、「はらから」立ち上げの背景、思いなどを聞かせてください。

１９７０年代から80年代にかけて、オイルショックによる経済不況下で、就職していた船岡養護学校高等部の卒業生が何人も解雇されました。当時、地域に通所の福祉事業所等は皆無でした。解雇イコール在宅です。

同じころ、船岡養護学校（当時）の教職員が中心になって卒業生や家族、地域の関係者に呼びかけて「柴田町障害児者の問題を話し合う会」という活動を始めました。障害児者やその家族がどんな問題を抱えているのか、その問題にどう対処すればいいのか等々、話し合いの内容は多岐にわたりました。その中で焦点化されたのが「働くこと」についてでした。

話し合いと並行して町内在宅障害者の実態調査を行いました。その調査からは驚くべき実態が浮かび上がりました。それは、身内に気兼ねして、ひっそりと生きる高齢障害者の生活です。当事者が高齢になった場合、その家の実権は両親から兄弟に移ります。兄弟には配偶者がいて、甥や姪も生まれます。その家族の目が気になり、〝卑屈なまでの遠慮〟に結び付いている例を目の当たりにしました。その状況は当時養護学校に在籍している児童生徒の将来の姿にダブりました。この状況を生み出している原因は何か?それは働いていないからだ。「働く場をつくろう」というのが船岡養護学校教職員有志の結論でした。

こうして無認可の「はらから共同作業所」が昭和58年4月に誕生しました。その後の運営も、船岡養護学校教職員有志が中心でした。

「はらから」という名称の由来は?

「はらから（同胞）」は同じ母から生まれた兄弟姉妹という意味で、もともと「柴田町障害児者の問題を話し合う会」が発行していた機関誌のタイトルでした。お互いに助け合おう、補い合おうという願いを「はらから」の4文字に込めました。第1号の作業所の名称にも使い、運営団体の名称も「はらから会」としました。

組織運営の仕組みと、法人化までの経緯について教えてください。

はらから会は会費月額１０００円の任意団体です。スタート時は会員が10名に満たない小さい団体でしたが、多い時には１０００名を超えました。現在８００名いる現会員の構成は、職員、利用者、利

はらから福祉会　理事長
武田　元さん

昭和17年生まれ。昭和41年宮城県立学校教員となり、高校8年間、肢体不自由養護学校13年間、知的障害養護学校10年間勤務。平成9年、54歳の時、社会福祉法人はらから福祉会「蔵王すずしろ」施設長となったのを機に教員を退職。平成18年より社会福祉法人はらから福祉会理事長。著書に『豆腐づくりは夢づくり』（きょうされん、2007年）。

用者家族の一部、その他活動に賛同してくださる方などです。障害当事者の目の前にある問題や、行き場のない卒業生をどうするか。その対応に取り組んだ結果、10年間で無認可作業所を4つもつくりました。そして平成8年8月に社会福祉法人の認可を受けました。はらから福祉会の誕生です。第1号の作業所開所から13年後のことでした。

利用者の障害種別、年齢構成等についてはどうなっていますか。

現在はらからには、精神障害、知的障害、肢体不自由、難病とさまざまな種別の障害者がいます。肢体不自由だけという人は少なく、重複障害の人を含めほとんどが知的障害の人です。最高年齢は68歳。平均は30代後半です。

具体的な目標として、月額賃金（工賃）7万円を掲げているのはなぜですか？

グループホームで暮らす場合の生活費を7万円と想定しているからです。障害基礎年金は余暇・趣味そしていざという時の蓄えと考えています。本人だけでなく、関係者の力量が問われるところですが、段階的到達を目指しています。

最初の段階は貧困線越えです。日本の平成24年の貧困線※は122万円です。貧困線は最低限の生活水準を維持するために必要な収入を示す統計上の指標ですが、障害基礎年金2級と合わせると月3万5000円の賃金があればクリアできます。

次の目標は最低賃金越えです。平成28年、宮城県の最低賃金は時給726円です。1日5時間、1か月20日間仕事をすれば100時間になります。休まないで仕事をすれば月額7万2600円ですので、年金と合わせれば約15万円になります。それだけあれば親亡き後もグループホーム等で暮らしていけるのではないでしょうか。これがはらから福祉会の考え方です。

※全世帯の等価可処分所得の中央値の半分。122万円は平成24年度国民生活基礎調査による。

賃金目標への到達状況とそこに向けての工夫は？

事業所によって、時給300円台から600円台までばらつきがあります。これはそれぞれの事業内容と製造・販売方法に要因があると考えています。今、事業所全体で中・長期的な展望を具体的に描き、取り組んでいるところです。平成29年度を目途に月額工賃7万円の支給を目指しています。そのために、28年度中には6万円にすることを目標にしています。

一方、障害者が働く事業所ですので、できないことをどう補うかということに工夫が求められます。そこで、はらからが考えた方法は、**①作業工程の細分化、②チーム化、③機械化**です。

①の細分化は、どんなに難しい仕事であっても細分化すると必ず単純な作業工程がありますので、そこからスタートすればいいという考え方です。

②のチーム化は、細分化の発展形です。一人で全てできない作業はチームを組んで分担するやり方です。いろんな人がいていい、みんなで一つのこと

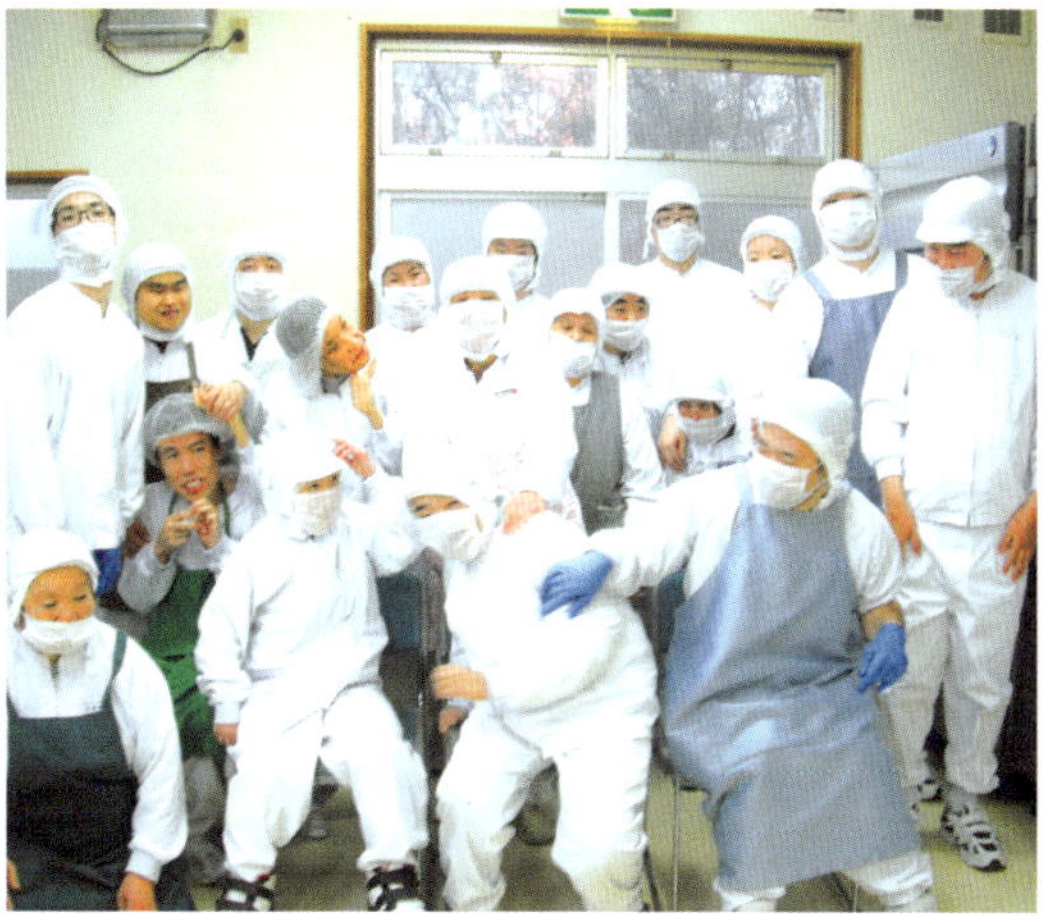

働くのは当たり前のこと。今日も笑顔で仕事に励んでいる。

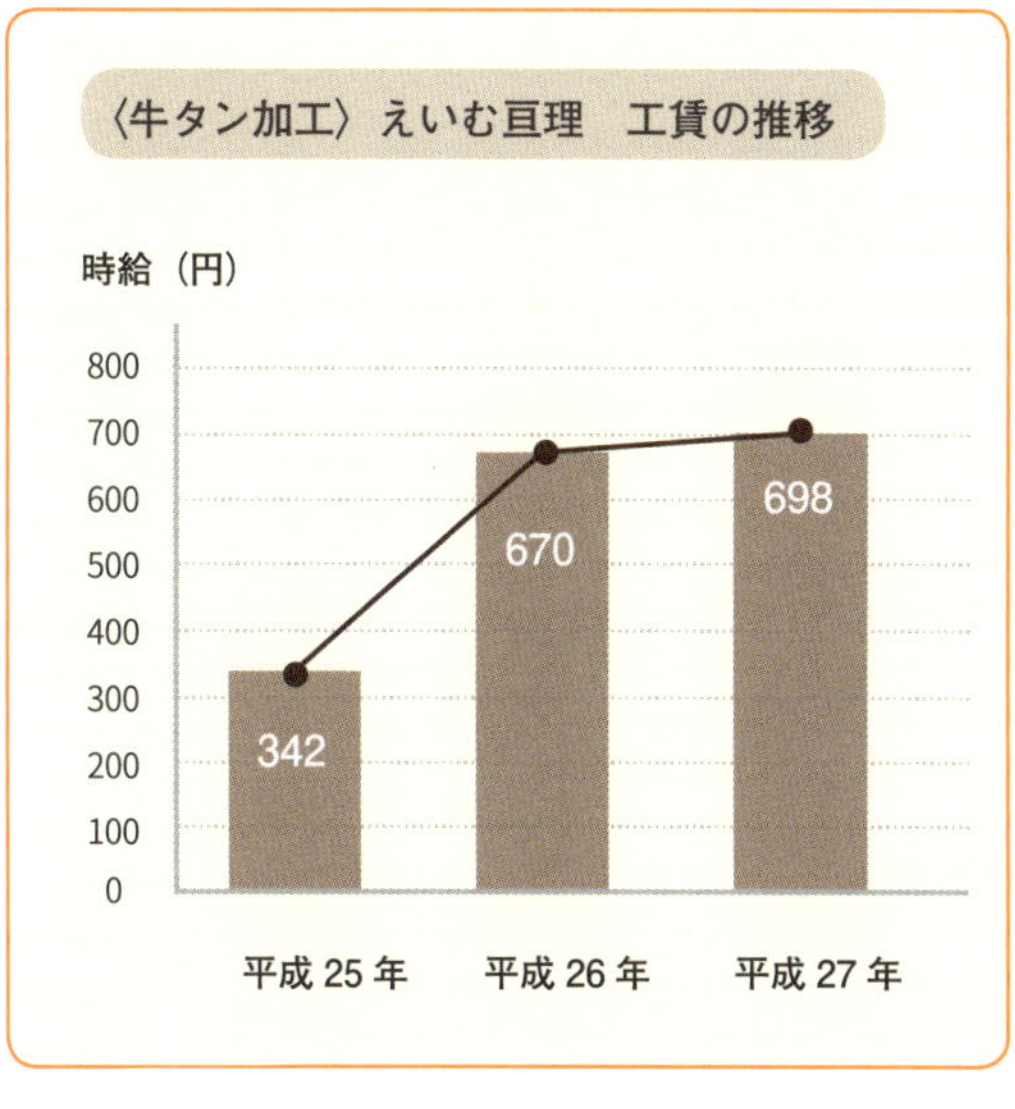

パン成形のための大型機械。
障害からくる不便性を補っている。

「はたまき・手づくりの里」名物のおからかりんとう。
きちんと重さを量りながら袋詰めを丁寧に行う。

ができるように力を合わせればいいという考え方です。③の機械化は、障害による不便さを近代的な技術で補います。以上のことは、仕事をする上で基本的なことであり当たり前のことでもあります。

利用者が「働く」ことの価値について、どう考えますか。

人はなぜ働くかというと、**①生活のため、②社会的役割を果たすため、③自己実現のため**、というのが一般的です。このことに障害の有無、程度、種別は関係ないはずです。障害が重いから働くのは無理だとなったら生活できなくなります。社会的役割を果たすことができなくなったら、存在意義がなくなる可能性があります。存在意義なくして自己実現はありえません。ゆえに働くことは、人間にとって最も基本的な営みであると考えています。

障害が重いから、「働くのは無理ではないか」と考えるのではなく、障害が重いけれど「どうしたら働くことができるようになるか」へと発想を転換することが必要です。

職員の適性と育成についてどのように考えますか。

人間が大好き、ものづくりが大好きということに学歴は関係ありません。何が何でも目標を達成するんだという強い思いがあれば、結果は必ずついてくるものです。このような考えのもと、職員の長所を見つけ出し適材適所に配置しようというのが基本的な育成方針です。

ただし、安定的、発展的な運営のためには、思いだけでなく、数値的な視点や冷静に判断する力も必要です。幸いなことに、そのような経営的視点を持った若手職員も育ってきています。

また、はらからの職員80名に新卒採用の人はほとんどいません。職員の給与は今時珍しい年功序列制で、成果主義ではなく役割によって決まっています。年1回の定期昇給がずっと続くのは、利用者も同じです。職員の平均年齢は高く、必要に応じて募集もしていますが、離職する人はほとんどいません。60歳を過ぎると嘱託になり給与は下がりますが、希望すれば65歳まで働けます。

売上・販売状況について教えてください。

平成27年度の売上7億5千万円の内訳は、ほとんどが卸売によるものです。製品の中では牛タン、豆腐が売れ筋ですが、これ以上は伸びないと思われます。利益を上げるために直売の比率を伸ばそうとしていますが、なかなか難しいですね。直売を増やすには「はらからブランド」の質を上げるとともに、法人としての理念や事業内容を含めて、戦略的な情報発信に力を入れていく必要があると考えています。

最近ではふるさと納税による反響が大きかったです。柴田町のふるさと納税に寄付すると、お礼品として「はらから」の牛タンが選べるというもの。ポータルサイトに「はらから福祉会の牛タン」がアップされてから、昨年12月16日～31日だけで、4千万円の寄付があったそうです。

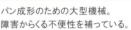

さらに今年からは、特徴のある新商品を作ろうと検討しています。例えば、イスラム教のハラール食や、糖尿病の人でも食べられる甘くて美味しいお菓子など。全国のお客様の意見を取り入れながら、商品開発、販売をしていきたいと思います。

これまでの取り組みで苦労したことは？

先ほどお話しした働く意義について、障害の有無は関係ないということを証明することが難しいと感じています。私は、障害者が社会にとってどんな役割を果たしているかということを、実践的に証明し、世の中

に浸透させていきたいと考えています。

はらからでの取り組みを通じて、働くのが難しいと思われていた人の状況を変化させるとともに実益も出してきました。それが少しずつ伝え広まっていくことで、状況が変わってきていると思いますね。

最後に、これまでの成果とこれからについて聞かせてください。

はらから会が長年目指してきた、利用者全員に月額工賃7万円の支給。現在平均5万円に近づいてきました。そのゴールは見えつつあります。そう言えるのは、はらからの今までの取り組みでいろいろなことが分かったからです。

①売れる商品を作ると、みんな仕事をするようになる。

②障害からくる仕事上の困難さや限界は、細分化・チーム化・機械化で補える。

③良い仕事とは付加価値の高い商品を作ることであり、付加価値は消費者がその商品を欲しいかで決まる。

④工賃は仕事の質と量で決まる。

⑤工賃は支援力を計るバロメーターである。

このほか、私たちはいろいろな経験から現在のはらからの考え方を確立してきました。しかもこの考え方は、これまでの取り組みで一定の評価を得てきました。しかし、これらのことはごく当たり前のことです。当たり前のことを当たり前のこととしてやりきる、それが今、私たちに求められているのだと思います。

STAFF

生活支援部　部長　**久田　公子さん**

大学で社会福祉を学び、平成3年から「はたまき・手作りの里」で働き始める。のんびりとした時間の流れに魅力を感じ、平成23年まで、施設長として勤務。現在は嘱託として勤務を続け、28年経った今でも仕事が楽しいという。

「はらから」ではモノづくりの得意な人が多いですが、私はモノづくりが得意なのではなく、職員、利用者、家族のいろいろな相談を受けてきました。利用者のご家族に借金があることがわかり、弁護士を交えて問題をともに考え、解決したこともあります。まさにこれが私の仕事！という実感がふつふつ沸いてきます。法人に相談支援事業が必要になり「地域生活支援センター」へ異動。職員・利用者210名の計画相談を担当し、グループホームの管理者も兼務しています。皆さんの“隙間”を埋める仕事はすごく楽しいですし、障害者がいつまでも元気で働き続けることを縁の下で支えているという誇りがあります。どんなに障害が重い人も、人間として褒めてほしいし、自立した生活を望むのは当たり前のことです。この考え方が世の中にもっと浸透してほしいと思います。

介護保険の１割負担を考えると、65歳を過ぎて仕事を離れた後も変わりない生活を送るために、はらからでは、仕事を中心に生活面でも、できることを今のうちに少しずつ増やしていけるようサポートしています。グループホームのあり方で課題に思うのは、利用者の平均年齢から、親が亡くなって身寄りがなくなってしまう人が今後増えていきます。そして、今は５人定員（総定員45人）で世話人が同居。それでは“終の棲家”にはなり得ません。私たちの目指すところは、「高齢になっても働くことができる仕事づくり」と「年老いても安心して生活できる場所づくり」です。

卒業、そして今

自立ってなんだ？

CASE 003

百木 瑠梨子さん（右）
RURIKO Momoki
（20歳）

■瑠梨子さんのこと

ディズニーと嵐が大好きな、はにかみ屋さんの20歳。瑠梨子さんは高等部時代からたくさんの友達とのつながりを大切にしている。LINEのタイムラインに、出かけた場所や新しい服の写真をアップしたり、観に行った映画の感想などをコメントして呼び掛けると、すぐに複数の友達からリアクションがある。卒業後、進路が別々になっても、現代の若者たちはこんなふうにSNSで常に近況を報告しあう。

宮城県立船岡支援学校卒。現在は障害福祉サービス多機能型事業所「まどか」に通所。生まれた時に未熟児だったため、ゆっくりとした発達の赤ちゃんだった。その後、脳性麻痺による四肢麻痺と診断され、5歳から車いすを使用。2歳〜10歳まで、家族とともに横浜で過ごしたのち、仙台に移住した。

最近買ったお気に入りの洋服。タイムラインで友達に報告

■楽しかった！自信につながった！中高時代の寄宿舎生活

4月15日、通所先の「まどか」にお邪魔し、百木瑠梨子さん、母の泰子さんにこれまでと今の生活について話を聞いた。その中で、首都圏の中高生は体験することが少ない、親や家族から離れた寄宿舎での生活経験が、瑠梨子さんの考え方や姿勢、パーソナリティに大きな影響を与えているように感じた。

瑠梨子さんは、中学3年生から船岡支援学校に転入。自宅がある仙台市太白区からはJRとバスを利用して通学する必要があり、学校併設の寄宿舎に入ることを選択した。なんと同級生8人のうち、7人が寄宿舎生だったという。

中学2年まで自宅で生活していた瑠梨子さんは、寄宿舎での最初の2週間を泣いて過ごしたそうだ。それは、家族から離れる寂しさだけでなく、環境やルールの変化に対応するために必要な時間だったのかもしれない。しかし、今振り返ると5年間の寄宿舎生活が、かけがえのない経験になったと瑠梨子さんは話す。

一番良かったことは友達が増えたこと。日中の活動や勉強だけでなく、生活を共にすることでより深い関係になれたと実感した。2人部屋が標準で、相部屋になった友達とは特に仲良くなり、今でも付き合いが続いている。

卒業後は自宅に戻り、今はすっかり「親に甘えて、家でごろごろする生活」になってしまっているという瑠梨子さん。しかし、持ち前のバイタリティで、休日は一人で映画やショッピングを楽しんでいる。自宅から一人で出かける時は、事前に宮城交通（株）に電話し、スロープ付きの路線バスを手配。「一人でどこでも行くんですよ!!」と、泰子さんは困惑しながらも嬉しそうだ。